THÈSE

POUR

LA LICENCE.

UNIVERSITÉ DE FRANCE. — ACADÉMIE DE RENNES.

FACULTÉ DE DROIT.

THÈSE POUR LA LICENCE.

JUS ROMANUM... — De Contrahenda emptione. (Dig. lib. XVIII, tit. I ; Cod. lib. IV, tit. 38. Justiniani Instit. lib. III, tit. 23.

DROIT FRANÇAIS. — De la Vente & de ses principales conditions de validité. (Code Civil, art. 1582-1601, art. 1689-1691 ; Code de Com., art. 109.)

CETTE THÈSE SERA SOUTENUE LE SAMEDI 25 JANVIER 1873,

à deux heures du soir,

par M. GABILLARD (François-Henri),

né à Evran (Côtes-du-Nord).

EXAMINATEURS :

MM. BODIN, doyen ; HUE & WORMS, professeurs ; MARIE, agrégé.

DINAN

DE L'IMPRIMERIE BAZOUGE.

1873

A MA FAMILLE.

———

A MA MARRAINE.

———

A M. L'ABBÉ EON.

———

A MES AMIS.

JUS ROMANUM.

De Contrahendâ emptione.

(Inst. lib. III, tit. XXIII. — Dig. lib. XVIII, tit. I. — Cod. lib. IV, tit. 38).

PROÆMIUM.

Origo emendi vendendique a permutationibus cœpit : olim enim non erant nummi ; neque aliud merx, aliud pretium vocabatur ; unusquisque utilibus inutilia permutabat. Sed quiá non semper nec facile concurrebat, ut, cum tu haberes, quod ego desiderarem, invicem haberem quod tu accipere velles, electa materia est cujus publica et perpetua æstimatio difficultatibus permutationum æqualitate quantitatis subveniret, eaque materia forma publica percussa, usum dominumque non tam ex substantiâ prœbet. Quam ex quantitate, nec ultra merx utrumque, sel alterum pretium vocabatur. (Dig. lib. XVIII, tit. I).

Emptio-venditio est contractus quo venditor rem tradere promittit, propter pretium quod emptor daturus est.

Est autem emptio contractus juris gentium, bonæ fidei ac synallagmaticus : et ideo consensu peragitur ; et inter absentes contrahi potest, et per nuntium et per litteras. Itaque, quum de re et pretio convenitur, perfecta est emptio-venditio, quamvis nondum pretium numeratum sit. Minime igitur ad emptionem perfectam scripta necessaria sunt, nisi aliter conventum fuerit. In ea autem quæ scripturâ conficitur, non aliter perfectam esse venditionem et emptionem constituit Justinianus, nisi et instrumenta emptionis fuerint conscripta, vel manu propriâ contrahentium, vel ab alio quidem scripta a contrahentibus autem subscripta, et si per tabelliones fiunt, nisi et completiones acceperint, et fuerint partibus absoluta. Donec enim aliquid deest de instrumentis, locus est pœnitentiæ contrahentibus. (Inst. lib. III, tit. XXIII).

Quamvis solo consensu emptio venditio perfecta sit, dominium rei tamen emptor non obtinet, venditor enim hactenus tenetur ut rem emptori habere liceat, non etiam ejus faciat. Traditione factá venditor, pretii numeratione emptor liberantur, mihi testis Pomponius dicens : « Quod vendidi non aliter fit accipientis, quam si aut pretium nobis solutum sit, aut satis eo nomine factum : vel etiam fidem habuerimus emptori sine ulla satisfactione. » Ideo in jure romano obligationes tantum secum venditio trahit.

Inspiciam :

1°. Quæ ad substantiam emptionis-venditionis pertinent.

2°. Pacta quæ emptioni-venditioni adjici solent.

CAPUT PRIMUM.

Quæ ad substantiam emptionis venditionis pertinent.

Ut valeat emptio-venditio, tria elementa necessaria sunt, scilicet : Consensus, res, pretium.

De quibus singulis mihi videndum est.

§ I.

De Consensu.

Duorum pluriumve in eamdem rem idem sensus, consensus dicitur.

In venditionibus et emptionibus consensum debere intercedere palam est : cœterum, sive in ipsa emptione dissentient, sive in pretio, sive in re, emptio imperfecta est (Ulpianus).

Quod si enim in ipsá emptione partes dissentiant, etsi in alias res eumdem sensum habeant, locatio est, aut aliud contractus genus, sed non est emptio-venditio. Non aliter est si alter alterum pretium statutum esse crediderit. In re etiam quæ veneat consensus omnino necesse est ; si igitur ego me fundum emere putarem Cornelianum tu mihi te vendere Sempronianum putasti, quia *in corpore* dissensimus, apparet nullam esse emptionem.

Si in nomine tantum dissentiamus, valet emptio, nihil enim facit nominis error cum de corpore constat. Quid autem si in ipso corpore non erratur, sed in substantia error fit, utputa si acetum pro vino veneat, æs pro auro ? Maxima lis fuit inter jurisperitos : Marcellus venditionem emptionem esse scripsit, Ulpianus autem distinguit : si eadem prope substantia est, conventio valet, quod si in materiâ erratur, nulla est venditio.

In sexu error errore in materiâ non dissimilis est. Si ego me virginem emere

putarem cum esset jam mulier, emptio valebit, in sexu enim non est erratum.
Cœterum si ego mulierem venderem, tu puerum emere existimasti, quia in
sexu error est, nulla emptio, nulla venditio est. In hujusmodi autem quæstio-
nibus personæ ementium et vendentium spectari debent, non eorum quibus
adquiritur ex eo contractu actio. (Dig. lib. XVIII, tit. 11 et 12.)

Jure civili metus dolusque infirmam emptionem minimè faciebant :
« Coacta voluntas, sed voluntas, » ait. Sed pretor lapsis contrahentibus benè
succurit.

Læsione emptio-venditio in origine non vitiabatur ; ab imperatoribus Dio-
cletiano Maximianoque emptionem pro læsione magnâ rescindi permissum
est. Magna autem læsio videtur quum nec dimidia pars veri pretii soluta sit.

De arrhis. — Id quod ante pretium datur et fidem facit contractus facti et
totius pecuniæ solvendæ, arrhæ dicuntur.

In antiquo jure arrhæ ad probandam conventionem, non vero ad peragen-
dam valebant. Nova autem de arrhis Justinianus protulit : « In posterum si
quæ arrhæ super faciendâ emptione cujuscumque rei datæ sunt, sive in scriptis, sive sine scriptis, licet non sit specialiter adjectum quid super iisdem
arrhis non procedente contractu fieri oporteat, tamen et qui vendere pollici-
tus est venditionem recusans in duplum eas reddere cogatur, et qui emere
pactus est, ab emptione recedens, datis a se arrhis cadat, repetitione earum
deneganda. » (Cod. lib. IV, tit. 21, § 17).

§ II.

De Re.

Nec emptio, nec venditio sine re quæ veneat intelligi potest. Etsi consensus
fuerit in corpore, si tamen ante venditionem esse desierit, nulla est emptio.
Domum emi, exempli gratiâ, cum eam et ego et venditor combustam ignore-
mus, quid juris ? Jurisperiti nihil venisse, quamvis area maneat : pecuniam-
que solutam condici posse aiunt. Sed in hac quœstione multum interest quanta
pars domus incendio consumpta permaneat ; si amplior dimidia domus pars
maneat, valet venditio et pretium tantum minuitur, quod si dimidia minor
pars maneat, nulla est venditio, pretiumque solutum a venditore condici
potest. Juris romani ea constitutio non approbanda est, nam fit sœpius ut,
cum domum integram magnopere velis, partem invitus accepturus sis.

Sin autem domum esse exustam venditor sciebat, emptor autem ignorabat,
non valet venditio si tota domus ante venditionem perierit. Si vero quanta-
cunque pars domus remaneat, venditio stat, et venditor emptori quod inter-

est restituere debet. Mihi hæc solutio mala videtur, nam culpâ immunis est emptor.

Cum rem periisse emptor sciret, venditor aûtem ignoraret, venditio stat : et omne pretium ab emptore venditori solvi, vel, si solutum sit, non repeti debet.

Quod si uterque sciebant domum esse exustam totam, vel ex parte, nihil actum est, dolo inter utrumque compensando.

Etsi res nondum existebat quum veniit, venditio tamen valet si de re futura agitur. Idcirco fructus et partus futuri recte emi possunt.

Non solum rem existere in tempore venditionis aut in futurum sed etiam in commercio esse, oportet.

Omnium rerum quas quis hàbere, vel possidere, vel persequi potest, venditio recte fit.

Potest igitur quis vendere rem incorporalem, aut corporalem in specie, vel in genere, vel in universitate.

Rem alienam distrahere quem posse nulla dubitatio est (Ulpianus), venditio enim ad obligandas creandas minime invalida est. Idcirco si Titius fundum Cornelianum, cujus nondum dominus, vendiderit, neque deinceps ita emerit ut emptori habere liceat, vinculo juris stante, ex empto actione tenebitur.

Quin etiam spei emptio valida fit, veluti quum emitur alea, exempli causâ, retis jactus, incerta præda venatica ; et emptio contrahitur etiam si nihil capiatur. Tum vero bene dispiciendum quæ sit res vendita an spes, an alea, aut pisces, aut aves. Si quidem priori casu nihil inciderit, tamen stat venditio, sin autem posteriori casu nihil superfuerit, pro nihilo erit venditio, quasi re deficiente, emptio enim sine re minimè intelligi potest.

Res extra nostrum patrimonium vendere non possumus ut loca sacra vel religiosa ; item publica, veluti forum, basilica. Quin etiam, quœdam res, quamvis intra patrimonium veniri ncn possunt, quas natura, vel gentium jus, vel mores civitatis commercio exuerunt earum nulla venditio est ; dico :

1°. Hominem liberum ; emptor venditorque scientes eum cum emere nequeunt ;

2°. Res furtiva si emptor et venditor quæ veneunt furtiva esse sciunt, a neutrâ parte obligatio contrahitur ; si solus emptor scit non obligabitur venditor ; quod si venditor scit, emptor ignoravit utrinque obligatio contrahitur, emptor actionem ex empto habet ut, quanti interest obtineat. Sic, ut omnia uno verbo contineam, venditorem inspicere inutile est ;

3°. Viventis successionem. Si hereditas venierit ejus qui vivit, nihil esse acti : quia in rerum natura non sit, quod venierit. (Dig. lib. XVIII, tit. IV, § I.)

4°. Venena mala ; 5°. Ædem ut destruatur nisi œdificium labet.

6°. Frumenta ad annonam popularem destinata, sub pœna capitis, itâ de purpurâ soli principi reservatâ.

7°. Emptionem rei propriæ ; suæ rei emptio non valet ; sive sciens sive ignorans emi : sed si ignorans emi, quod solvero repetere potero, quia nulla obligatio fuit (Pomponius). Nec tamen emptioni obstat quum usufructuarius rem emit in qua usumfructum habet : quippe quæ non in dominio res versetur.

Inter quosdam emptio-venditio prohibetur, sicut inter patrem et filium, nisi de rebus castrensibus agatur. Ita tutores , curatores procuratoresque res quas gerunt emere nequeunt, quia idem circa eamdem rem et venditoris et emptoris personas non gerere debet.

§ III.

De Pretio.

Sine pretio nulla venditio est (Ulpianus).

De pretio tria necessaria sunt : verum, certum et in numeratâ pecuniâ sit.

I. — Verum primum fore pretium dixi ; mihi testis est Paulus dicens : nuda et imaginaria venditio pro non facta est : et ideo nec alienatio ejus rei intelligitur. Si quis donandi causâ emptionem venditionem simulat, minimè pretium exacturus, nulla est emptio ait Ulpianus : cum in venditione quis pretium rei ponit, donationis causâ non exacturus, non videtur vendere.

Valebit vero ille contractus in donationis formam postquam traditio secuta fuerit.

Si quis donationis causa minoris vendat, venditio valet : quoties enim viliore pretio res, donationis causâ, distrahitur, dubuim non est venditionem valere, nisi inter uxorem et virum quibus directe aut indirecte inter se donare non licet. (Ulp).

Verum ab initio pretium constitui debet. At nihil refert, postquam constitutum est, non fuerit solutum. Non autem pretii numeratio , sed conventio perficit sinè scriptis habitam venditionem emptionem. (Ulp).

II. — Certum secundo fore dixi pretium. Certum erit si emptor venditorque de illo inter se convenerunt ; si quidem dixerunt, exempli causâ, centum aureos ; certum est quoque illud pretium in hujusmodi emptione, quanti tu eum emisti quantum pretii in arcá habeo ; nec enim incertum est pretium tam evidenti venditione, magis enim ignoratur quanti emptus sit quam in rei veritate incertum est. (Ulp).

Constat igitur non valere venditionem cum alter e contrahentibus, venditor, emere volenti dixerit : « Quanti velis, quanti æquum putaveris, quanti æstimaveris, habebis emptum. »

Intra veteres abunde dubitatur si valeret venditio quum ita inter partes convenerit : « Ut quanti Titius rem œstimaverit, tanti sit empta. » Justinianus benè constituit ut quasi sub conditione facta emptio penderet ; ita ut si ipse qui nominatus est pretium definirit, secundum ejus æstimationem pretium persolveretur, si contra noluerit aut non potuerit emptio-venditio nulla erit.

III. — Denique pretium in numerata pecunia consistere debet. An sine nummis venditio dici possit, olim dubitabatur, veluti si ego togam dedi ut tunicam acciperem. Sabinius et Cassius esse emptionem et venditionem putant, Nerva et Proculus permutationem non emptionem hoc esse. Sabinus Homero teste utebatur qui exercitum grœcorum ære, ferro hominibusque vinum emere refert. Multis nominibus, principaliter autem quia actionem præscriptis verbis minimè accipiebat venditionem ac permutationem Sabinus non discernebat. Sed verior est Nervæ et Proculi sententia : nam ut aliud est vendere, aliud emere, alius emptor, alius venditor ; ita aliud est pretium, aliud merx : quod in permutatione discerni non potest uter emptor, uter venditor sit. (Dig. lib. XVIII, tit. 1).

Pretium ex nummis constare necesse est ; ita tamen ut liceat pacisci emptorem quid aliud, præter hanc pecuniam, daturum ant facturum. Indè, si vendidi tibi insulam certa pecunia, et ut aliam insulam meam reficeres, agam ex vendito ut reficias. Si autem hoc solum, ut reficeres eam, convenisset, non intelligitur emptio et venditio facta.

CAPUT SECUNDUM.

De pactis quœ emptioni-venditioni solent adjici.

Multa sunt pacta quæ emptioni-venditioni adjici possunt. Rationem solúm habebo de præcipuis quæ sine dubio sunt : pactum addictionis in diem, lex commissoria, de retrovendendo et si displicuerit emptori.

Pactum in diem addictionis est illud qua inter contrahentes convenit, ut, si venditori intra certum tempus melior allata fuerit conditio, res sit inempta.

Speciem refero : ille fundus centum esto tibi emptus, nisi quis intra kalendas
januarias proximas meliorem conditionem fecerit , quo res a domino abeat.
Quoties fundus in diem addicitur, utrum pura emptio est, sed sub conditione
resolvitur ; an vero conditionalis sit magis emptio, quæstionis est? Mihi
videtur verius, interesse quid actum sit : nam si quidem hoc autem est, ut
meliore allata conditione , discedatur , erit pura emptio quæ sub conditione
resolvitur ; sin autem hoc actum est, ut perficiatur emptio, nisi melior conditio afferatur , erit emptio conditionalis. Ubi igitur, secundum quod distin-
ximus, pura venditio est Julianus scribit, hunc, cui res in diem addicta est,
et usucapere posse, et fructus et accessiones lucrari, et periculum ad eum
pertinere , si res interierit. Ubi autem conditionalis venditio est negat Pomponius usucapere eum posse, nec fructus ad eum pertinere. (Ulp.)

Lex commissoria ea est, qua inter contrahentes convenit, ut si intra defi-
nitum tempus pretium solutum non sit, res inempta habeatur. Ea lex venditori constituta est non contra. Itaque eam, si volet, venditor exercebit ;
non etiam invitus. Videamus quid de fructibus quos interim emptor perce-
pisset? Hoc agi intelligendum est ut emptor interim eos sibi suo quoque jure
perciperet ; sed si fundus revenisset, Aristo existimabat, venditori de his
judicium in emptorem dandum esse : quia nihil penes eum residere oporteret
ex re, in qua fidem fefellisset. (Dig. lib XVIII, tit. III, § 4 et 5.)

Pactum de retrovendendo est illud quo venditor sibi reservat facultatem,
restituto pretio, rem venditam ab emptore recuperandi. Si, exempli causà,
fundum parentes tui ea lege vendiderunt, ut sive ipsi sive heredes eorum
emptori pretium quandocumque, vel intra certa tempora obtulissent, resti-
tueretur ; teque parato satisfacere, condictioni dictœ, hœres emptori non
paret, ut contractus fides servetur, actio prœscriptis verbis , vel ex vendito
tibi dabitur : habita ratione eorum , quæ post oblatam ex pacto quantitatem
ex eo fundo ad adversarium pervenerunt. (Cod. lib IV, tit. LIV.)

Postremo si res ita distracta sit, ut si displicuisset, inempta esset, constat
non esse sub conditione distractam, sed resolvi emptionem sub conditione
(Ulp.)

Quibus in omnibus pactis, obscuritatem potius nocere venditori, qui ea
dixerit, quam emptori debere scripsit Labeo : quia potuit re integrà apertius
dicere.

DROIT FRANÇAIS.

De la Vente et de ses principales conditions de validité.

Cod. Civ., art 1582-1601 ; 1689-1691. Cod. de Com., art. 109.

PRÉLIMINAIRES.

De tous les contrats, il n'en est point de si fréquent que le contrat de vente : il est de tous les instants et de tous les pays, et l'on peut dire que, pour la plupart des hommes, la vie n'est qu'une suite ininterrompue de ventes et d'achats.

Sa fréquence n'a d'égale que son utilité : la vente, en effet, procure aux hommes deux biens qu'on a coutume de regarder comme la source de tous les autres : la richesse et la paix.

Instrument le plus actif de communication sociale, la vente, en mettant en circulation les divers éléments de bien-être répandus dans le monde, mais séparés et isolés les uns des autres, permet aux hommes de satisfaire leurs besoins réciproques et de jouir des richesses de la terre tout entière.

En intéressant tous les hommes à la prospérité commune, la vente, ou mieux le commerce, qui est l'application et la généralisation de la vente, les intéresse par là même à la concorde, sans laquelle les relations commerciales ne sont pas possibles, et leur rend facile cette bonne et pacifique entente, en dissipant les préjugés et les haines d'origine et de nationalité, en répandant partout la civilisation, et en détournant des sanglantes et funestes rencontres les ardeurs et les rivalités des peuples, pour les porter vers les luttes pacifiques et bienfaisantes de l'agriculture, des arts et de l'industrie.

La vente, telle que nous allons l'étudier, n'est pas la forme primitive des relations commerciales ; elle repose, en effet, sur une base qui suppose un certain degré de civilisation, le système monétaire. Aussi, quand bien même nous n'aurions pas l'histoire pour nous l'apprendre, la réflexion suffirait seule pour nous donner une idée de ce qu'ont été d'abord les mutations de propriété.

L'échange, c'est-à-dire le commerce des choses en nature, tel a été, à l'origine de tous les peuples, le seul mode d'acquisition connu et pratiqué. Vivant isolés au milieu de vastes solitudes, n'ayant que peu de rapports, peu de besoins, ne connaissant ni les arts ni l'industrie, et ne pratiquant de l'agriculture que ce qu'elle a de plus élémentaire, les hommes durent long-temps trouver l'échange parfaitement suffisant. Mais, quand les habitants se furent accrus, et que la civilisation eut multiplié avec les besoins les divers genres de travaux et de produits, on sentit la nécessité de perfectionner l'échange, dont les lenteurs et les difficultés entravaient les relations commerciales, de plus en plus fréquentes.

Poussés par le besoin, ce grand inventeur, les hommes imaginèrent un signe représentatif de toutes les valeurs. Ce signe, d'abord, fut probablement différent suivant les lieux, mais les métaux, à cause des avantages de volume, de solidité et d'utilité qu'ils présentaient, finirent par prévaloir et par devenir partout le seul signe représentatif de la richesse. On était loin encore du vrai système monétaire ; les monnaies, si on peut ainsi appeler ces signes grossiers, n'étaient autre chose que des lingots qu'on donnait et qu'on recevait au poids ; de là, dans toutes les ventes, l'usage d'une balance : aussi l'*æs* et *libra*, au commencement, à Rome, apparaissent comme deux choses inséparables.

Si informes et si incommodes que fussent encore ces premiers essais de monnaie, ils n'en constituaient pas moins un immense progrès : le principe même de la vente, le caractère distinctif qui la sépare de l'échange était trouvé. Le temps se chargea des perfectionnements, et l'on vit enfin apparaître chez les Romains le véritable système monétaire, basé sur un type pris pour unité, avec des multiples et des fractions de cette unité, une forme déterminée et une empreinte spéciale, l'effigie, qui en garantit l'authenticité. L'instrument de la vente était parfait : dès lors, les lenteurs et les ennuis du pesage disparaissent, les opérations commerciales, si compliquées et si gênantes, deviennent simples et faciles, la marchandise est distincte du prix, des obligations différentes frappent le vendeur et l'acheteur.

Ce nouveau mode de commerce parut si important aux législateurs romains qu'ils mirent le contrat de vente dans la classe des contrats nommés, à l'exécution desquels la loi contraignait les contractants, laissant l'échange au nombre des simples pactes pour lesquels, pendant longtemps, il n'y eut d'action civile que quand ils avaient été exécutés par l'une des

— 13 —

parties, et ils le définirent : « Un contrat par lequel une personne s'oblige
à faire avoir la paisible possession d'une chose à une autre personne,
moyennant un prix que celle-ci s'oblige à lui payer. »

Cette définition mérite de fixer l'attention, car elle a été reproduite dans
notre Code; l'article 1582, en effet, définit la vente : « Une convention par
laquelle l'un s'oblige à livrer une chose, et l'autre à la payer. » Ces deux
définitions sont identiques; s'obliger à livrer une chose, c'est seulement
s'obliger à mettre l'acheteur en possession et à le défendre contre tous ceux
qui voudraient l'évincer; en un mot, c'est s'obliger à faire avoir à l'acheteur une paisible possession.

La conclusion naturelle à tirer de là serait que les mêmes principes
règlent la vente en Droit français et en Droit romain, ou plutôt que le système français n'est que la reproduction du système romain. Rien, cependant, ne serait plus faux. Une différence essentielle, capitale, sépare les
deux systèmes. A Rome, la vente ne rendait point l'acheteur propriétaire,
elle n'avait pour effet, de la part du vendeur, que de créer contre lui l'obligation de procurer à l'acheteur la libre jouissance de la chose : *ut rem
emptori habere liceat, non etiam ut ejus faciat.* (Dig. lib. XIX, tit. 30.)
L'acheteur qui n'était pas troublé dans sa possession n'avait rien à récla-
mer du vendeur, lors même qu'il avait la preuve qu'on lui avait vendu la
chose d'autrui : « Qu'importe que ce soit la chose d'autrui ou la mienne !
répondait le vendeur; je vous ai promis une possession paisible; personne
ne vous trouble; que réclamez-vous ? »

Dans notre Droit, au contraire, la vente est, en principe, translative de
propriété; l'obligation du vendeur ne consiste plus seulement à garantir à
l'acheteur la paisible possession; il doit, de plus, rendre celui-ci propriétaire. Si l'acheteur, quoique non troublé dans sa possession, vient à découvrir qu'on lui a vendu la chose d'autrui, il a le droit de demander la nullité
de la vente, et de dire au vendeur : « Je vous ai donné un prix pour acquérir
la propriété de telle chose, et vous vous êtes engagé à me la transférer. Or,
vous ne m'avez pas rendu propriétaire, puisque cette chose ne vous appartenait pas; reprenez votre chose et rendez-moi le prix que je vous ai payé. »

Cette doctrine nouvelle, inaugurée par le Code Civil, — car la nature du
contrat de vente des Romains était passée dans notre ancien Droit, — résulte
incontestablement des dispositions contenues au titre de la vente : « Dès
qu'on est d'accord sur la chose et sur le prix, dit l'article 1583, la vente est
parfaite, et la propriété est acquise de droit à l'acheteur à l'égard du ven-

deur. » Donc, la convention contient implicitement l'obligation de transférer la propriété de la chose vendue à l'acheteur. Nous pourrions multiplier les preuves de textes qui corroborent cette doctrine ; nous nous bornerons seulement à rappeler l'historique de la vente, lors des travaux préparatoires du Code. L'ancienne nature du contrat de vente, déjà combattue par beaucoup de nos vieux auteurs, notamment par Caillet, Denisart, Bourjon, fut définitivement répudiée par les auteurs de notre Code, et nous voyons à tous moments dire et répéter dans les discussions législatives d'alors que *la transmission de propriété est aujourd'hui l'objet de la vente, que c'est là le but unique de ce contrat.* (Fenet, XIV, pag. 157, 192, etc).

Ce nouveau système est bien préférable au système suivi en Droit romain et dans notre ancien Droit. Celui-ci, en effet, a le très grave inconvénient de forcer l'acheteur à conserver une position précaire, la possession d'une chose qui, à chaque instant, peut lui être enlevée. Comment s'attacher à une propriété dont on peut être dépouillé d'un jour à l'autre ! comment améliorer, comment cultiver avec soin quand on ignore si on récoltera ! Chez nous, au contraire, l'acheteur ne craint pas de s'attacher à sa chose, de l'entretenir avec soin et d'y faire tous les changements, toutes les améliorations utiles, assuré qu'il est d'en profiter lui-même ou d'en faire profiter les siens.

Mais comment se fait-il que le Code, tout en répudiant le système romain, en ait cependant reproduit la définition ? Cette anomalie s'explique historiquement. Les rédacteurs de notre Code, disciples de Pothier et de Dumoulin, ont copié leurs maîtres, qui eux-mêmes avaient copié le Droit romain, et, trouvant toute faite cette définition de la vente, ils l'ont écrite dans le Code, sans réfléchir qu'elle n'était plus en harmonie avec les principes nouveaux qu'ils avaient introduits dans le contrat de vente, et que, très exacte et très complète en Droit romain et chez Pothier, cette définition était incomplète et mauvaise au milieu du Code Civil.

La vente n'étant plus seulement productive d'obligations, comme en Droit romain, mais encore translative de propriété, en général, du moins, nous la définirons : « La convention par laquelle l'une des parties transfère ou s'engage à transférer la propriété d'une chose, moyennant un prix que l'autre s'engage à lui payer. »

La vente est un contrat du droit des gens, et même du droit naturel. « La vente, dit M. Troplong, appartient au droit des gens et au droit naturel : au droit des gens, car elle est pratiquée chez toutes les nations connues, soit sous la forme de vente, soit sous la forme d'échange ; au droit naturel, car elle n'est si généralement répandue que parce qu'elle est un fruit spontané de la nature sociable de l'homme. » (Vente, chap. 1, § 2.) C'est un contrat consensuel, car il se forme par le seul consentement des parties, sans aucune solennité ; synallagmatique, il crée à l'égard du vendeur et de l'acheteur des obligations réciproques ; à titre onéreux, il procure à chaque contractant un avantage pécuniaire.

Après ces préliminaires sur l'utilité, l'origine et les caractères de la vente, j'arrive à mon sujet, que je diviserai en trois parties. Dans la première, j'examinerai les conditions auxquelles la validité de la vente est soumise ; dans la seconde, je traiterai de la cession de créance ; et enfin, dans la troisième, je m'occuperai de la vente en droit commercial.

PREMIÈRE PARTIE.

Conditions de Validité. — Modalités. — Effets de la Vente.

CHAPITRE I.

Conditions de Validité de la Vente.

Pour être parfaite, la vente doit réunir quatre conditions : il faut d'abord un objet, un prix, et le consentement des parties sur la chose et sur le prix, c'est-à-dire, suivant la formule romaine, *res, pretium, consensus.* Il faut, de plus, que les parties soient capables de contracter, c'est-à-dire de vendre et d'acheter.

SECTION Iʳᵉ.

Du Consentement.

Le consentement est l'accord des parties sur une même chose. Pour qu'il y ait consentement en matière de vente, il faut que cet accord porte sur la chose et sur le prix. Dès qu'il existe, il y a vente, et l'un des contractants ne peut plus, par sa seule volonté, renoncer à son engagement. (Art. 1134).

En matière de vente, comme en tout autre contrat, le consentement doit être exempt de vices, c'est-à-dire de certains faits qui, sans détruire entièrement la volonté, la rendent imparfaite : tels sont l'erreur, la violence, le dol (art. 1109). Si, par exemple, lorsque je crois vous vendre un tel immeuble, vous croyez en acheter un autre, le concours des volontés n'existe point ; il y a une proposition sans adhésion, et une adhésion sans proposition. Le consentement fait défaut, le contrat est nul. Il en est de même quand l'erreur porte sur la nature de la convention, lorsque , par exemple, je crois recevoir à titre de donation le cheval que vous offrez de me vendre. Que si l'erreur porte sur les qualités de la chose, il faut distinguer entre les qualités essentielles et les qualités accidentelles ; l'erreur sur les premières rend le contrat nul (art. 1110) ; l'erreur sur les secondes ne l'empêche pas de valoir. Mais comment reconnaître dans l'objet vendu ce qui est substantiel de ce qui est accidentel ? C'est là une question d'appréciation laissée à la sagesse des tribunaux.

A quel moment le consentement est-il donné d'une manière définitive ? en d'autres termes, quand les pourparlers sont-ils terminés et le contrat conclu ? Cette question ne souffre pas de difficulté quand les parties sont présentes et que la proposition et l'acceptation sont, pour ainsi dire, concomittantes. Mais que décider quand il y a un intervalle de temps entre ces deux faits ? quand, par exemple, les négociations se font par correspondance, à quel moment s'opère la conclusion de la vente ? En principe, c'est au moment où celui à qui on écrit répond qu'il accepte la proposition. Mais, pour cela, il faut que la volonté de l'auteur de la proposition n'ait pas changé. Jusqu'à quel moment cette volonté doit-elle persister ? Voilà où porte la difficulté. Pothier et Merlin enseignent que pour que la vente soit conclue, il suffit que la volonté du proposant persiste jusqu'au moment où son correspondant a reçu la lettre ; mais la plupart des auteurs, notamment M. Troplong, vont plus loin et décident que le consentement de l'auteur de la proposition doit persévérer jusqu'au moment où il reçoit la lettre portant adhésion du correspondant.

Promesses de vendre et d'acheter.

Les promesses de vendre et d'acheter peuvent être synallagmatiques ou unilatérales.

Promesses synallagmatiques. — Paul promet de vendre sa maison à Pierre pour un prix de 10,000 fr. Pierre accepte. Quelle est au juste la portée de cette convention ? L'article 1589 a voulu le dire, mais il n'a suscité que des difficultés. Il existe trois systèmes qui ont pour but de nous traduire la pensée du législateur.

Premier système. — Rigoureusement et grammaticalement parlant, promettre de faire une chose n'est pas la faire, promettre de vendre n'est pas vendre. Mais dans la pratique on ne distingue pas entre ces expressions, et

l'on dit indifféremment : Je promets vendre, ou je vends. La loi, qui tient
compte des usages, regarde donc ces mots : Je promets vendre, comme syno-
nymes de ceux-ci : Je vends. Mais, s'il était clairement démontré que les parties ont employé sciemment et avec intention les mots : Je promets vendre,
je promets acheter, il faudrait les interpréter dans le sens d'une vente à con-
clure, d'une convention productive d'obligations, qui devra se résoudre en
dommages-intérêts contre celle des parties qui refusera de l'exécuter. (Art.
1142.)

Deuxième système. — L'art. 1589 a eu pour objet d'abroger une pratique
de l'ancien Droit. Autrefois, les jurisconsultes étaient divisés sur les promesses de vente ; les uns disaient que la promesse de vendre obligeait celle
des deux parties qui refusait de passer contrat à payer des dommages-intérêts ; les autres prétendaient qu'en cas d'inexécution par l'une des parties, la
justice devait intervenir et tenir le contrat de vente pour parfait. Le Code a
adopté cette dernière opinion, et non seulement il l'a adoptée, mais encore
il est allé plus loin, car il déclare la vente conclue sans qu'il y ait besoin de
jugement. La loi a voulu faire elle-même l'office du juge.

Troisième système. — M. Marcadé, dans un troisième système, enseigne
que l'article 1589 a eu simplement pour effet d'adopter l'opinion de ceux
qui voulaient que la justice intervînt, en cas de refus de l'une des parties de
passer le contrat, pour la condamner, non à des dommages-intérêts, mais à
l'exécution de son engagement. Le Code a voulu ainsi terminer cette contro-
verse, en consacrant l'une des deux opinions, mais il n'a point entendu rien
innover. Malleville, l'un des quatre rédacteurs du Code, l'a dit en termes for-
mels. Donc, aujourd'hui encore, la justice doit intervenir en cas de refus.

De ces trois systèmes, le dernier seul, quant au fond, diffère des deux
autres. Malgré les solides arguments qui l'appuient, il est généralement
rejeté. Il est peu probable, en effet, que les rédacteurs du Code Civil, enne-
mis des procès, aient voulu laisser aux tribunaux le soin de valider une convention qu'ils pouvaient interpréter définitivement.

De l'adoption des deux premiers systèmes, nous tirons les conséquences
suivantes :

1°. Le vendeur est dépouillé de la propriété par sa promesse ;

2°. Le vendeur ne peut plus grever la chose de droits réels : l'acheteur le
pourra.

3°. Si la chose périt après la promesse, elle périt pour l'acheteur.

4°. La promesse réciproque valant vente ne peut être résolue *mutuo dis-
sensu.*

Promesses unilatérales. — Vous avez le désir d'acquérir ma maison, je le sais, mais vous hésitez. Alors je vous dis : Je vous donne un mois pour vous décider ; quant à moi je promets, dès aujourd'hui, de vous vendre ma maison pour 10,000 fr. Vous me répondez que vous ne me promettez pas d'acheter, mais que vous prenez acte de ma promesse. Il y a promesse de vendre sans promesse réciproque d'acheter ; autrement, c'est une promesse unilatérale. Il n'y a qu'une partie obligée, le promettant ; c'est une vente faite sous une condition purement potestative de la part de l'acheteur. Le vendeur est obligé, mais l'acheteur ne l'est pas. La propriété est transférée sous la condition que l'acheteur conclua le marché, de sorte que, si cette condition se réalise, l'acheteur devra recevoir la chose libre de toutes aliénations qui auraient été consenties par le vendeur, *pendente conditione* ; en d'autres termes, on peut dire que le vendeur a sur la chose une propriété sous condition résolutoire, et l'acheteur sous condition suspensive. En un mot, de même que les promesses réciproques de vendre et d'acheter valent vente pure ou à terme, de même les promesses unilatérales valent vente conditionnelle. (Valette et Mourlon).

M. Marcadé critique la doctrine que nous venons d'exposer. « Une vente, dit-il, ne peut pas exister, même à l'état de vente conditionnelle, lorsqu'un des éléments essentiels à sa formation manque absolument ; or, dans l'espèce, il n'y a pas de consentement, il y a seulement un engagement de vendre plus tard ; la vente ne commencera donc à exister que lorsque les parties l'auront réalisée par une convention postérieure, et cette vente sera pure et simple, elle n'aura aucun effet rétroactif. »

Nous préférons le premier système ; il n'est pas exact de dire, croyons-nous, que, dans l'espèce, le consentement fasse absolument défaut ; il existe au contraire, conditionnellement, il est vrai, mais enfin il existe.

Arrhes.

On appelle arrhes une somme d'argent que l'une des parties livre à l'autre au moment du contrat.

Elles peuvent être regardées ou comme un dédit ou comme un à-compte sur le prix.

A Rome, jusqu'à Justinien, elles n'eurent que ce dernier caractère ; elles étaient seulement données en signe d'un marché conclu, et comme preuve de ce marché. Justinien leur attribua le caractère d'un dédit ; on les donnait pour se réserver la faculté de se départir du contrat, celui qui les a données en les abandonnant, et celui qui les a reçues en les rendant doubles.

Quel caractère ont-elles aujourd'hui ? On distingue : accompagnent-elles les promesses de vente, elles sont présumées données comme dédit ; accompagnent-elles les ventes ordinaires, elles sont alors présumées n'être qu'un à-compte. Mais ces présomptions ne sont pas invincibles, et si on a la preuve que les parties ont eu la volonté contraire, c'est cette volonté qui attribue aux arrhes leur caractère. Un autre élément d'interprétation du caractère des arrhes, c'est l'usage des lieux ; ainsi, quoique données par l'acheteur dans une vente pure et simple, les arrhes ne sont considérées que comme un dédit, si on est dans l'usage, dans le pays, de leur attribuer ce caractère.

De la Preuve de la Vente.

La vente étant un contrat purement consensuel, le droit commun, en matière de preuve, lui est applicable. Ainsi elle peut être prouvée par acte authentique ou sous-seing privé. A défaut d'écrit, elle peut l'être par témoins, s'il existe un commencement de preuve par écrit (art. 1134). A défaut de commencement de preuve par écrit, la preuve testimoniale est encore admise, si le prix de la vente ne dépasse pas 150 fr. (art. 1341) ; et, si fort qu'il soit, lorsqu'il a été manifestement impossible aux parties de dresser un écrit (art. 1348). Enfin, en l'absence de preuve écrite ou testimoniale, on peut encore avoir recours à l'aveu ou au serment.

Si le deuxième alinéa de l'art. 1582 porte que « la vente peut être faite par acte authentique ou sous seing-privé, » il faut entendre ainsi cette disposition : la vente peut être *prouvée* par acte authentique ou sous seing-privé, lorsque les parties voudront rédiger un écrit, mais il n'est point du tout nécessaire pour la validité de la vente qu'un écrit soit dressé.

Si, dans une vente verbale ou sous seing-privé, on était convenu de rédiger après coup un acte quelconque pour la première, ou un acte authentique pour la seconde, cette circonstance ne permettrait pas de considérer la première convention comme dénuée de fondement. Sans doute il en serait autrement si l'on reconnaissait que les parties n'ont entendu faire qu'un projet qui ne devait devenir vente que par la rédaction d'un acte ultérieur. Mais du moment que c'est bien une vente qu'on a entendu faire en premier lieu, la circonstance d'un acte à rédiger après coup ne saurait lui refuser son effet. La jurisprudence est certaine sur ce point.

3

Il va sans dire que les frais d'actes et autres accessoires à la vente sont à la charge de l'acheteur (1593).

De l'Objet.

Pour qu'une vente se forme légalement, il faut que la chose qu'on lui donne pour objet existe ; qu'elle soit dans le commerce ; que l'aliénation n'en ait pas été défendue.

1°. *La chose doit exister lors du contrat* (art. 1601). La chose, objet du contrat, doit exister, ou au moins être de nature à pouvoir exister un jour. Donc, si on déclarait vendre et acheter une chose qui est actuellement détruite, le contrat ne se formerait pas, faute d'objet ; et si l'acheteur avait payé le prix convenu, il pourrait le répéter par la *condictio indebiti* pendant trente ans, comme l'ayant versé indûment et sans cause.

Quand la chose n'a été détériorée qu'en partie, l'article 1601 laisse à l'acheteur le choix ou d'abandonner le contrat ou de demander la partie conservée en faisant déterminer le prix par ventilation, c'est-à-dire en faisant réduire le prix dans la proportion de cette partie à la chose entière. Ainsi l'acheteur a le choix absolu et sans conditions de demander le maintien de la vente en obtenant une diminution proportionnelle, ou d'opter pour sa non-existence, même quand la partie détruite de la chose n'est pas assez considérable pour qu'il soit certain que sans elle il n'eût pas acheté. Cependant, si cette partie était si minime qu'il serait évident que son absence n'est qu'un prétexte que l'acheteur prend pour cacher le vrai motif qui lui fait demander la résiliation, on pourrait, dans ce cas, lui refuser le choix : en droit, presque rien étant considéré comme rien.

Que faudrait-il décider si l'une des parties, au moment du contrat, connaissait la destruction partielle, par exemple, l'acheteur ? Il ne pourrait ni se départir du contrat, ni même demander une diminution : il serait naturellement réputé avoir reconnu que la chose valait encore le prix qu'il en a donné. Mais *quid*, dans ce cas, du vendeur ? D'abord, il faut distinguer s'il était ou non de bonne foi, c'est-à-dire s'il ignorait ou non la destruction partielle ; s'il était de mauvaise foi, non seulement la vente pourrait être annulée, mais encore le vendeur serait condamnable à des dommages-intérêts ; s'il était de bonne foi, on ne pourrait pas lui demander d'indemnité.

Les principes de notre Code sur ce point sont meilleurs que ceux du Droit romain. A Rome, on distinguait si la perte dépassait la moitié de la chose, ou n'était que de la moitié ou d'une moindre partie. Au premier cas, l'acheteur n'était pas obligé à tenir son marché ; au second cas, il y était obligé légalement, sauf, bien entendu, à déduire la diminution proportionnelle de la valeur de la chose. Cette solution était trop absolue pour être bonne ; elle obligeait l'acquéreur à garder une chose qu'il n'aurait certainement pas achetée la plupart du temps.

2°. *La chose doit être dans le commerce.* — « Tout ce qui est dans le commerce peut être vendu, lorsque des lois particulières n'en ont pas prohibé l'aliénation, dit l'art. 1589. Ainsi, pour qu'une chose soit inaliénable, il faut qu'elle ait été retranchée du commerce par une loi. L'aliénabilité est la règle ; l'inaliénabilité, l'exception.

Comme on le voit, d'après cette disposition du Code, l'objet de la vente peut être, soit un droit de propriété, soit un droit d'usufruit, d'usage, de servitude, soit un corps certain, c'est-à-dire une chose déterminée individuellement, comme tel cheval ; soit un objet certain, c'est-à-dire une chose déterminée quant à l'espèce seulement, par exemple, un cheval, sans autre désignation. Si l'objet n'était désigné que quant au genre illimité, comme un animal, sans dire lequel, la vente serait nulle ; il en serait de même si la quotité de la chose n'était pas déterminée, et qu'il n'y eût pas dans l'acte un moyen de détermination suffisant. Tel serait le cas où je vous vendrais du blé sans dire quelle quantité ; il en serait autrement, si je vous vendais le blé dont vous avez besoin pour ensemencer votre domaine, car il y a ici moyen de déterminer la quotité. La raison de ces dispositions, par rapport à la quotité et au genre, est facile à comprendre. Le débiteur qui devrait un genre, une quotité indéterminée, pourrait se libérer en donnant un moucheron, un grain de blé. Une telle convention n'est pas sérieuse et doit être déclarée nulle.

Non-seulement la vente peut avoir pour objet une chose actuellement existante, mais encore une chose future. Ainsi je puis valablement vous vendre la récolte de mon champ. Mais il importe de remarquer qu'une telle vente est toujours conditionnelle ; sa validité est subordonnée à la venue d'une récolte, abondante ou non, peu importe ; mais, si elle manque absolument, l'acheteur ne doit pas son prix, puisqu'il l'a promis en échange d'une récolte que le vendeur ne peut pas lui livrer.

On peut même vendre et acheter une chance, une espérance quelconque, comme un coup de filet, le droit de percevoir les fruits de tel immeuble. Il faut bien se garder de confondre cette vente avec celle des fruits qui naîtront de tel champ. Est-ce la chance de la récolte qui a été vendue ? La vente est aléatoire, et alors même que la récolte manquerait complètement, l'acheteur doit son prix tout entier. Est-ce au contraire une chose future, la récolte ?

Nous avons vu que dans ce cas la vente est tout à la fois aléatoire et commutative ; aléatoire, quant à l'abondance ou à la rareté de la récolte ; commutative, en ce sens que si l'immeuble ne produit rien ou presque rien, l'acquéreur ne doit pas le prix. Mais comment reconnaître si c'est la chance, l'alea, ou la récolte qui a été vendue ? C'est là une question délicate que les juges résoudront d'après les circonstances.

3°. *Quelles choses ne sont pas susceptibles d'être vendues ?*

Le Code, sous les art. 1599 et 1600, contient deux prohibitions : il déclare nulle la vente de la chose d'autrui et la vente d'une succession future. Ce ne sont pas là, comme nous le verrons plus loin, les seules prohibitions existantes, et si le Code les mentionne spécialement, c'est d'abord à cause de leur importance, et aussi à cause des différences de doctrines qui séparent sur ce point notre législation de la législation romaine.

Occupons-nous d'abord de la prohibition relative à la vente d'une succession future.

Cette prohibition remonte au Droit romain, mais elle y était incomplète, puisque les pactes sur les successions futures étaient déclarés valables, quand le *de cujus* y consentait. Aujourd'hui, la prohibition est générale : « On ne peut vendre la succession d'une personne vivante, même de son consentement, » dit formellement l'art. 1600. Quel est le motif de cette disposition ? Les jurisconsultes Pomponius et Paulus nous disent que c'est parce qu'on ne peut vendre ce qui n'existe pas. Raison insuffisante, nous venons de le voir. Le véritable motif de cette règle, c'est qu'il a paru non-seulement immoral et indécent, mais encore dangereux de spéculer sur la mort d'un homme dont on attend la dépouille.

Vente de la chose d'autrui. — La vente de la chose d'autrui, permise en Droit romain, est prohibée en Droit français, par la raison que nous avons vue qu'en Droit romain la vente est simplement productive d'obligations, tandis qu'en Droit français elle est translative de propriété, le vendeur ne s'engageant plus seulement à garantir une libre et paisible possession, mais à transférer la propriété de la chose elle-même. Or, nul ne peut transmettre ce qu'il n'a pas ; donc la vente de la chose d'autrui est nulle, parce que l'acheteur n'ayant pas reçu l'équivalent de son prix, elle manque d'objet.

Mais il faut bien remarquer que la loi ne règle que le cas où le vendeur a présenté la chose comme *sienne.* S'il a fait connaître que la chose était à autrui, s'il lui a dit, par exemple : Je vous vends pour tant la maison de Paul, la convention est parfaitement valable, non pas, à la vérité, comme

vente, mais comme contrat innommé, qui, en cas d'inexécution, se résoudra
en dommages-intérêts.

La vente de la chose d'autrui étant valable, en Droit romain, l'acheteur
avait naturellement une action pour exiger la tradition de la chose vendue, en
cas d'éviction, une action en garantie pour exiger des dommages-intérêts.
Il usucapait et faisait les fruits siens, quand il était de bonne foi, c'est-à-dire,
quand il avait ignoré que la chose appartenait à un tiers.

La vente de la chose d'autrui, en Droit français, étant déclarée nulle,
il semble qu'elle ne devrait produire aucun effet ; cependant, elle produit les
mêmes effets qu'en Droit romain : l'acheteur de bonne foi a une action pour
se faire mettre en possession, une action en garantie pour obtenir des
dommages-intérêts. La vente lui sert encore de juste titre pour faire les fruits
siens par la perception, pour prescrire par dix ou vingt ans. Dès lors on se
demande à quoi sert l'art. 1599 ? Le voici : A Rome, l'acheteur qui venait
à découvrir qu'on lui avait vendu la chose d'autrui ne pouvait pas, si rien ne
troublait sa possession, demander la nullité d'une vente faite par un vendeur
de bonne foi ; en Droit français, au contraire, l'acheteur qui a la preuve
qu'on lui a vendu la chose d'autrui peut, quoique non troublé dans sa possession, demander la résolution du contrat, même contre le vendeur de
bonne foi.

Il n'est point inutile de remarquer si le vendeur a été de bonne foi ou non ;
au premier cas, il n'est tenu que des dommages-intérêts qui ont pu être rai-
sonnablement prévus au moment du contrat ; au second cas, il répond même
des dommages imprévus qui sont une suite immédiate et directe de l'inexécution du contrat ; ainsi il répond des dépenses voluptuaires.

Mais comment concilier ces deux idées qu'un contrat nul produit des effets,
des obligations valables ? Il n'y a là, dit Marcadé, aucune contradiction, et ceux
qui prétendent qu'on ne peut pas soutenir l'inexistence d'un acte, quand on
fait produire des effets à cet acte, se méprennent, car les effets dont il s'agit
ne sont nullement les effets de la vente considérée comme vente, ils sont
l'effet du préjudice subi ou de la possession de bonne foi.

Nous venons d'exposer les principes généraux de la matière ; nous allons
maintenant examiner quelques-unes des questions qui ont donné lieu à des
difficultés entre les auteurs.

Et d'abord, par quel laps de temps se prescrit l'action en nullité fondée sur
l'art. 1599 ? Plusieurs auteurs estimables, notamment MM. Duvergier, Troplong, Mourlon enseignent que l'action en nullité se prescrit par dix ans. Mar-

cadé, au contraire, soutient que l'action n'est prescriptible que par trente
ans. L'art. 1304, dit-il, sur lequel s'appuient les partisans du premier système, est inapplicable dans l'espèce, puisqu'il n'est écrit que pour les actes
annulables, et qu'il s'agit de faire briser, tandis que l'acte ici est radicalement et légalement inexistant. Nous préférons cette dernière opinion.

Lorsque postérieurement à la vente, le vendeur est devenu propriétaire de
la chose vendue , l'acheteur peut-il encore exercer l'action en nullité ?
D'abord, dans ce cas, il est bien entendu que le vendeur, lui, ne peut pas
devenir l'auteur de l'éviction *quem de evictione tenet actio eumdem agen-
tem repellit exceptio.* Mais l'acheteur le peut-il ? Oui, dit M. Zacharie, la
vente ayant été nulle dès le commencement, les événements postérieurs n'y
peuvent rien changer, on ne peut pas ratifier le néant. — Non, répond Marcadé, l'acheteur ne peut plus demander la nullité de la vente, car l'obligation de transférer la propriété s'accomplissant en Droit français, *ipso jure,*
à l'instant même où elle naît , il s'ensuit que la propriété, aussitôt qu'elle a
reposé sur la tête du vendeur, passe immédiatement sur celle de l'acheteur,
et la vente, à partir de ce moment, devient parfaitement valable. C'est l'opinion que nous adoptons.

Nous avons vu que lorsque le vendeur est de mauvaise foi et que l'acheteur est de bonne foi, la vente est valable contre le vendeur, et nulle contre
l'acheteur. Mais que décider, si c'est l'inverse qui se produit, c'est-à-dire si
c'est le vendeur qui est de bonne foi ? Pourra-t-il invoquer l'inexistence de
ce contrat ? Il faut distinguer : si le vendeur de bonne foi vient à découvrir
son erreur avant la livraison, on est d'accord qu'il le peut, mais si la livraison a été effectuée, l'accord cesse : les uns croient que le vendeur peut , en
rendant le prix, exiger la restitution de la chose, la loi, disent-ils, ne peut
pas protéger la mauvaise foi de l'acheteur ; les autres disent qu'il ne le peut
plus, car si la nullité de la vente fait que la chose n'appartient pas à l'acheteur, elle ne fait pas non plus qu'elle appartienne au vendeur, *in pari causâ
melior est causâ possidentis ;* à plus forte raison cette solution devrait-elle
être suivie si l'un et l'autre étaient de bonne foi, ou l'un et l'autre de mauvaise foi.

Nous avons jusqu'ici raisonné dans l'hypothèse de la vente de l'immeuble
d'autrui. Faut-il faire à la vente d'un meuble l'application des règles que
nous venons de poser ? L'acheteur qui vient à découvrir qu'on lui a vendu
la chose mobilière d'autrui, peut-il demander la nullité de la vente ? La raison de douter se tire de la règle : *en fait de meubles, possession vaut titre,*

qui protége l'acheteur contre toute éviction en le rendant propriétaire dès qu'il est mis en possession. Mais cette règle, qui a été établie au profit de l'acheteur, ne peut pas être invoquée contre lui. Le vendeur ne peut pas forcer l'acheteur à invoquer une prescription qui répugne à sa conscience. Nous admettons donc que, dans le cas d'une vente de meubles, comme dans celui de vente d'un immeuble, l'acheteur peut exercer l'action en nullité quand il découvre qu'on lui a vendu la chose d'autrui.

Nous passons aux autres prohibitions, que nous allons énumérer rapidement :

1°. On ne peut vendre les biens dotaux que dans les cas prévus par le Code Civil.

2°. On ne peut vendre les droits personnels tels que l'usage, l'habitation, le droit de rachat successoral, les pensions alimentaires, etc.

3°. Les blés en vert (lois des 6 et 23 messidor, an III). Le but de cette loi est d'éviter les accaparements avant la récolte.

4°. Le gibier en temps de chasse prohibée. (Loi 3 mai 1844).

5°. Les poisons sans les garanties exigées. (Loi 21 germinal, an IX).

6°. Les armes cachées et prohibées, telles que cannes à épées, stylets, poignards, etc.

7°. Les livres condamnés et supprimés légalement.

8°. Les comestibles reconnus gâtés et nuisibles à la santé, tels que viande corrompue, vins falsifiés.

9°. Les choses dont l'État s'est réservé le monopole : tabac, poudre, allumettes.

10°. Les choses qui sont hors du commerce, non par leur nature, mais par leur destination : palais, places publiques.

11°. Les offices autres que ceux pour lesquels la loi du 28 avril 1816 permet aux titulaires de présenter leurs successeurs : offices de notaire, d'avoué, etc.

Nous ne parlons pas des choses qui, par leur nature, sont hors du commerce ; pour celles-là, il n'était point besoin d'édicter de prohibitions.

Section III.

Du Prix.

Il est indispensable pour la formation de la vente que le prix soit : 1°. en argent ; 2°. suffisamment déterminé ou déterminable ; 3°. sérieux. Il faut en outre, dans certains cas, pour la validité de la vente, que le prix ne soit pas vil.

1°. Le prix doit consister en argent monnayé. — Autrement, ce ne serait plus une vente, mais un échange. Mais que doit-on entendre par prix en argent ? Doit-on regarder comme un véritable prix des denrées ayant cours connu, ou d'autres valeurs analogues ? Les auteurs sont divisés sur ce point. Ce sont les circonstances qui, le plus souvent, donneront le véritable caractère à l'équivalent ou paiement de la chose. Ainsi, nous croyons que le prix peut consister, soit en une somme d'argent, soit en choses qu'il est d'usage et qu'il a été dans l'intention des parties d'assimiler à une somme d'argent.

2°. Le prix doit être déterminé ou déterminable. C'est là une condition essentielle. Les parties doivent de deux choses l'une : ou fixer elles-mêmes le prix, ou du moins se lier assez pour que ce prix puisse être fixé d'après les bases par elles arrêtées, et sans qu'il soit besoin d'un nouvel acte de leur volonté. Ainsi, il n'y aurait pas vente si l'une des parties restait maîtresse de déterminer arbitrairement plus tard ce qu'elle devra payer ou recevoir, car il n'y aurait pas de lien.

Mais il y aurait *vinculum juris,* et par suite vente valable, si le contrat, sans déterminer le prix, renfermait les bases d'après lesquelles le prix pourrait être valablement déterminé en dehors de la volonté des parties. Ainsi serait valable la vente de tant d'hectolitres de blé, au prix qu'il a été vendu à tel marché.

La vente est encore valable, bien que le prix ne soit pas arrêté entre les parties, si on est convenu de s'en rapporter à l'arbitrage d'un tiers ou de tiers désignés. Cette vente est faite alors sous la condition suspensive que la personne désignée fixera le prix. Si, pour une raison ou pour une autre, elle ne peut ou ne veut le faire, la vente n'a pas lieu. Autrefois c'était une question fort controversée que celle de savoir si le prix pouvait être laissé à l'arbitrage d'un tiers. Les Sabiniens prétendaient qu'il ne pouvait l'être. Les Proculiens, au contraire, enseignaient la solution que nous avons donnée. Justinien trancha la difficulté en adoptant l'avis de cette dernière école, et notre article 1592 l'a consacrée à son tour.

Ainsi, du moment que le contrat contient un moyen de détermination indépendant de la volonté des parties, le prix est regardé comme certain.

Mais les parties pourraient-elles valablement convenir que le prix sera déterminé par des experts qu'elles nommeront plus tard ? Non, disent MM. Bugnet, Delvincourt, Troplong, la vente n'est pas valable, parce que les parties ne sont pas liées. D'autres auteurs, notamment M. Valette, déclarent la vente valable. Si , disent-ils, les parties ne conviennent point des experts, ou si l'une d'elles refuse de les nommer, la justice les nommera pour elles, et elle le peut, puisqu'elle n'aura pas besoin de recourir à la violence. Marcadé a proposé un système intermédiaire. Dans ce dernier cas, dit-il, la vente vaudra ou ne vaudra pas, suivant que les parties, lors du contrat, auront ou n'auront pas stipulé la faculté de recourir à la justice, si l'une d'elles refuse. Nous nous rangeons à cette dernière opinion.

L'estimation des experts est-elle inattaquable ? Je suppose, par exemple, que les experts chargés de déterminer le prix de telle maison, qui vaut bien 15,000 fr., l'estiment seulement à 4,000 fr. Les parties n'auront-elles aucun moyen de critiquer utilement cette estimation ? Dans notre ancien Droit, Pothier décidait que s'il y avait lésion énorme, les parties ne seraient pas obligées de respecter leur estimation. Cette opinion, qui est assez juste, il faut le dire, est encore soutenue ; cependant, on décide généralement, avec M. Troplong, que l'estimation des arbitres est une base dont il ne faut jamais s'écarter.

3°. Le prix doit être sérieux. — Il ne suffit pas, en effet, pour la formation du contrat de vente, qu'il y ait un prix en argent ou en d'autres valeurs équivalentes, et que ce prix soit déterminé ou déterminable d'une façon suffisante ; il faut, de plus, que ce prix soit sérieux. Toute convention, pour être valable, doit être faite sérieusement. Tout le monde, du reste, est d'accord là-dessus. Mais quand le prix sera-t-il considéré comme sérieux, quand ne le sera-t-il pas ? Quelle règle d'appréciation appliquera-t-on pour déterminer si le prix est sérieux ou non ? C'est ici qu'on n'est point d'accord. Les uns prétendent qu'on doit regarder le prix comme non sérieux, seulement quand il est mis par plaisanterie, comme si Paul me vendait son domaine, qui vaut 100,000 francs, pour un écu ; les autres veulent que le prix ne soit pas sérieux toutes les fois qu'il est par trop au-dessous de la valeur réelle de la chose : un prix sérieux, pour eux, doit être l'équivalent de la chose ou à peu près.

Dans l'espèce que nous avons citée d'un domaine valant 100,000 francs, la vente de cet immeuble pour 20,000 fr., par exemple, ne sera pas valable, ce prix ne sera pas sérieux, comme étant trop au-dessous de l'équivalent de la chose. Nous croyons cette manière de voir erronée. Nous pensons, au contraire, que, dans ce cas, le prix est sérieux ; il peut arriver tous les jours que des ventes se concluent dans de telles conditions de prix, le plus sérieusement du monde. Ce que l'on doit regarder comme non sérieux, c'est le cas seulement où les parties ont stipulé un prix absolument dérisoire, et n'ont évidemment fait qu'un jeu. Si abject donc que soit le prix, il ne cesse pas d'être sérieux, du moment qu'on le fixe pour de bon et dans la pensée bien positive qu'il sera payé.

Il ne faut pas confondre le prix vil avec le prix non sérieux. Quand le prix n'est pas sérieux, la vente est nulle ; l'action du vendeur ne se prescrit que par trente ans. Quand le prix est vil, au contraire, la vente n'est pas nulle, elle n'est que rescindable, et encore il faut qu'il s'agisse d'un immeuble, que la lésion excède les sept douzièmes de la valeur, que la vente soit commutative, qu'elle n'ait pas été faite en justice, qu'il se soit écoulé moins de deux ans depuis la vente consentie. De plus, l'acheteur peut empêcher la rescision en offrant un supplément de prix, sous la déduction du dixième. Remarquons en outre que l'action en nullité n'a pas lieu en matière mobilière, ni en faveur de l'acheteur ; la raison en est que si la misère ou la gêne peuvent forcer à vendre, elles ne forcent jamais à acheter.

Quelques auteurs ajoutent un dernier caractère à ceux que nous venons d'énoncer. Il faut, disent-ils, que le prix ne soit pas fictif, c'est-à-dire, il faut qu'il soit stipulé avec l'intention de l'exiger. Nous trouvons cette quatrième condition inutile, car, si on n'a pas l'intention d'exiger le prix, ce n'est plus une vente qui intervient, et par conséquent il ne faut pas lui appliquer les règles concernant la vente et les conditions de validité du prix dans une vente.

Section IV.

Capacité des Parties.

En Droit français, la capacité est la règle, l'incapacité l'exception. « Toute personne, dit, en effet, l'article 1123, peut contracter, si elle n'en est pas déclarée incapable par une loi. » Nous n'avons donc qu'à rechercher les incapables.

L'article 1124 déclare incapables de contracter, d'une manière générale, les mineurs, les interdits, les femmes mariées. La loi du 30 juin 1838 déclare

encore incapables les personnes qui, sans être interdites, sont placées dans
une maison d'aliénés. Enfin, dit l'art. 1124, *in fine*, tous ceux à qui la loi
interdit certains contrats.

Ainsi, il y a des personnes qui, capables, en général, sont incapables rela-
tivement à certains contrats. Les plus importantes de ces prohibitions rela-
tives sont contenues sous les art. 1595, 1596 et 1597.

Les prohibitions de l'art. 1595 concernent les ventes entre époux. « En
principe, dit cet article, le contrat de vente ne peut avoir lieu entre époux. »
Quel est le motif de cette défense ? Pourquoi, quand les donations sont auto-
risées entre époux, les ventes sont-elles défendues ? Plusieurs raisons expli-
quent cette disposition de notre Code : d'abord, si on eût permis les ventes
entre époux, on leur eût laissé un moyen trop facile de se faire, à l'aide de
ventes simulées, des libéralités au-delà des limites fixées par la loi (art. 1094,
1098) ; ensuite, parce que de cette façon ils auraient pu violer le principe
qui veut que les libéralités *inter conjuges* soient toujours révocables, en
imprimant un caractère d'irrévocabilité à des donations déguisées sous le
nom de ventes (1096).

Une autre raison de cette prohibition, c'est que les époux auraient eu un
moyen trop aisé de frauder leurs créanciers, en faisant passer la fortune de
l'époux, qui a des dettes, dans le patrimoine de celui qui n'en a pas. Un
immense intérêt de protection pour les époux eux-mêmes et pour les tiers
dictait donc cette mesure au législateur.

Exceptionnellement, la vente est permise dans trois cas :

1°. « Celui où l'un des époux cède des biens à l'autre, séparé judiciaire-
ment d'avec lui, en paiement de ses droits. » Dans ce cas, la fraude n'est pas
possible ; la dette éteinte par cette *datio in solutum*, car c'est plutôt une
véritable dation en paiement qu'un paiement, a été constatée dans la liquida-
tion faite en justice ; conséquemment, il ne se peut pas qu'il y ait abandon
de biens : il y a dette sérieuse. Ce cas est applicable au mari et à la femme.

2°. « Celui où la vente que le mari fait à sa femme, même non séparée, a
un motif légitime. » Cette exception n'a lieu que pour le mari. Mais quand y
a-t-il motif légitime ? Le Code n'en cite qu'un seul exemple : celui où la cession faite par le mari a pour cause l'extinction d'une dette dont le mari est
tenu envers la femme : « le remploi de ses immeubles aliénés ou de deniers à
elle appartenant, si ces immeubles ou deniers ne tombent pas en communauté. » Par exemple : un propre de la femme a été vendu, le mari a touché
le prix de la vente ; il en est débiteur en restitution vis-à-vis de la femme ;

pour se libérer, le mari abandonne en paiement un immeuble qui lui appartient. Ici le mari fait encore une *datio in solutum* plutôt qu'une vente. Cet immeuble (art. 1434, 1435) fera remploi au profit de la femme ; il lui deviendra propre comme l'était l'immeuble. On décide généralement que non-seulement dans l'espèce prévue, mais encore toutes les fois que le mari est débiteur envers sa femme d'une dette actuellement exigible, il peut, si elle y consent, se libérer au moyen d'une *datio in solutum*.

3°. « Celui ou une femme cède des biens à son mari en paiement d'une somme qu'elle aurait promise en dot, et lorsqu'il y a exclusion de communauté. » — Il n'y a de difficulté pour ce troisième cas que sur le sens de ces mots : *Exclusion de communauté*. MM. Delvincourt et Valette les traduisent : *régime dotal ;* car, disent-ils, pour que cette prohibition puisse avoir lieu, il faut supposer de toute nécessité que la femme a des biens dont le mari ne reçoit pas la jouissance. Or, le régime dotal est le seul dans lequel tous les biens de la femme ne soient pas dotaux. Mais, suivant MM. Bugnet, Marcadé et Troplong, ce troisième cas peut recevoir son application, même en supposant la femme mariée sous le régime sans communauté. Il est possible, en effet, que le mari, sous le régime exclusif de communauté, et sous celui de la séparation de biens, ait stipulé une dot en argent et tienne à recevoir de sa femme cette somme, dont il aurait (sauf à rendre une somme égale lors de la dissolution du mariage) la pleine et entière disposition. Et si la femme, dans ce cas, ne peut pas donner la somme promise, n'est-il pas juste de lui permettre de donner un immeuble en paiement, plutôt que de la contraindre à vendre cet immeuble à un tiers ?

Deux questions nous restent à examiner sur cet article.

L'une est de savoir quel sera le sort des ventes faites entre époux, en dehors des trois cas d'exception que nous venons de voir. Trois systèmes sont en présence : Toullier enseigne que de telles ventes sont à considérer comme constituant des donations entre époux, donations que l'époux donateur pourra toujours révoquer, et qui seront réductibles à la quotité disponible, sur la demande des héritiers réservataires. MM. Troplong et Duvergier veulent qu'on distingue si l'acte a été fait avec ou sans l'intention de donner. Dans le premier cas, ils adoptent le sentiment de Toullier ; dans le second, ils reconnaissent que l'acte doit être annulé. Enfin, M. Duranton pense que l'acte est nul dans tous les cas ; et telle est aussi la doctrine que consacre la jurisprudence. Du reste, l'acte n'est pas radicalement nul, mais seulement annulable pour incapacité des parties contractantes. Le délai pour agir sera donc de dix ans, qui courront à partir de la dissolution du mariage. (Art. 2253).

L'autre question est de savoir quel est le sens et la portée du dernier alinéa de notre article, quand il déclare que les trois exceptions aux prohibitions de vendre entre époux ne sont admises que sauf les droits des héritiers des parties contractantes, s'il y a avantage indirect. Est-ce seulement les héritiers réservataires qui auront droit de critiquer les avantages indirects, ou bien devra-t-on aussi accorder ce droit aux non-réservataires ? La question est controversée. Pour notre compte, nous admettons avec MM. Bugnet et Valette que les héritiers non réservataires et même les créanciers de l'époux donateur pourront demander la nullité du contrat ; nous fondant sur cette raison que l'avantage indirect est nul, parce que l'époux de qui il émane n'avait pas la capacité de le faire.

Passons maintenant aux prohibitions de l'article 1596.

Le Code pose ici l'incapacité d'acheter pour quatre classes de personnes qu'une pleine liberté à cet égard eût placées entre leurs intérêts et leur devoir, puisque ce devoir est pour elles de faire vendre au plus haut prix possible.

Ne peuvent se rendre adjudicataires, sous peine de nullité, ni par eux ni par personnes interposées :

1°. Les tuteurs, des biens de ceux dont ils ont la tutelle.

Cette disposition s'applique à tous les tuteurs, sans distinction ni exception. Mais doit-on l'étendre au subrogé-tuteur, au curateur, au conseil judiciaire ? Nous ne le pensons pas. Les prohibitions sont de droit étroit et ne doivent pas s'étendre par analogie. Sans doute, le Code eût pu, eût dû peut-être les comprendre dans cette disposition, mais enfin il ne l'a pas fait.

2°. Les mandataires, des biens qu'ils sont chargés de vendre.

Cette seconde règle avait fait naître la question de savoir si l'avoué qui poursuit une saisie immobilière au nom d'un créancier était incapable de se rendre adjudicataire. Le nouvel art. 711 du Code de Procédure a tranché la question contre l'avoué.

3°. Les administrateurs, des biens des communes ou des établissements publics confiés à leurs soins.

Remarquons encore ici qu'on ne doit pas étendre cette règle au-delà des termes mêmes qui la contiennent. Ainsi un conseiller municipal pourrait très valablement se rendre adjudicataire, car il n'est pas administrateur, cette qualité n'appartenant qu'aux maires et aux adjoints.

4°. Les officiers publics, des biens nationaux dont les ventes se font par leur ministère.

On discuta au Conseil d'Etat la question de savoir si cette disposition s'appliquerait aux Préfets. « Non, dit M. Regnaud, à moins qu'ils ne fassent eux-mêmes la vente. » Mais on lui répondit qu'il était au contraire utile de leur appliquer l'article ; que c'était le moyen d'éviter les abus et surtout les soupçons (Fenet, XIX, p. 23), et il semble que la question fut résolue dans ce dernier sens.

Une autre prohibition que nous trouvons dans le Code de Procédure (art. 711) est celle-ci : « Celui sur qui on poursuit la saisie ne peut se rendre adjudicataire. » Le saisi étant, en effet, réputé insolvable, on ne peut l'admettre à venir surenchérir.

Enfin, l'article 1597 défend, sous peine de nullité absolue et de tous dépens et dommages-intérêts, à tous magistrats, avocats, avoués, notaires, huissiers, de devenir cessionnaires de procès, droits et actions litigieux qui sont de la compétence du tribunal dans le ressort duquel ils exercent leurs fonctions. La dignité de la justice et l'intérêt des plaideurs dictaient cette disposition. « Le juge, dit Portalis, est établi pour terminer les contestations et non pour en trafiquer. »

Cette prohibition est établie pour tout ce qui est de la compétence du tribunal, c'est-à-dire pour toute prétention sur laquelle le tribunal est ou peut être appelé à se prononcer, elle ne s'applique qu'aux fonctionnaires du tribunal compétent pour statuer sur le droit cédé ; en dehors du ressort de ce tribunal compétent, auquel ils sont attachés, ces fonctionnaires rentrent dans le droit commun et recouvrent leur capacité contractuelle.

La prohibition dont il s'agit étant d'ordre public, la nullité est absolue, radicale, et peut par conséquent être invoquée par toute personne intéressée. On doit donc rejeter la doctrine de ceux qui enseignent que cette nullité n'est que relative.

Comment faut-il entendre ces mots : droits litigieux ? Ne s'appliquent-ils que lorsqu'il y a procès engagé sur le fond du droit, ou s'étendent-ils encore au cas où il est simplement probable qu'il y aura procès ? C'est dans ce dernier sens, alors qu'il est seulement probable qu'il y aura procès, que nous entendons les mots : droits litigieux au procès. Le droit litigieux est donc, par antithèse, le droit sur lequel il n'y a pas encore de procès engagé, mais sur lequel il est probable qu'un procès s'engagera. Du reste, c'est une question de fait laissée à l'appréciation du tribunal.

CHAPITRE II.

Des diverses espèces de Ventes. (1584-1589).

Nous traiterons sous ce chapitre des modalités de la vente ; — de la vente des choses qui se comptent, se pèsent ou se mesurent ; — des choses qu'on est dans l'usage de goûter avant d'en faire l'achat ; — des ventes à l'essai.

SECTION Iʳᵉ.

Modalités de la Vente.

« La vente, dit l'art. 1584, peut être faite purement et simplement, ou sous une condition soit suspensive, soit résolutoire.

» Elle peut aussi avoir pour objet deux ou plusieurs choses alternatives.

» Dans tous les cas, son effet est réglé par les principes généraux des conventions. »

1°. La vente peut être faite sous une condition soit suspensive, soit résolutoire.

La condition suspensive est celle qui suspend l'existence même de la vente. Tant que la condition n'est pas accomplie, la propriété de la chose est incertaine ; vient-elle à défaillir, la vente est nulle ; mais aussitôt qu'elle est réalisée, son effet remonte au moment même de la convention, en sorte que l'acheteur est réputé propriétaire à partir de ce moment, et non à partir de la réalisation de la condition. Par conséquent, les droits sur la chose conférés par l'acheteur seront valables ; ceux conférés par le vendeur, nuls. Si la chose vient à périr entièrement *pendente conditione,* la perte sera pour le vendeur ; l'acheteur ne paiera pas son prix, quand même la condition se réaliserait postérieurement ; que si la perte est partielle, l'acheteur aura le choix ou de résoudre le contrat ou de prendre la chose sans indemnité (1182). Si, au lieu de se détériorer, la chose reçoit des améliorations, l'acheteur en profite sans aucune compensation pour le vendeur, si considérables que soient ces améliorations.

Quid des fruits ? On décide généralement qu'ils appartiendront à l'aliénateur, par cette raison que la rétroactivité ne s'applique point aux choses *de fait.*

La condition résolutoire est celle qui tient en suspens non pas l'existence de la vente, ni ses effets, mais leur révocation. Si la condition se réalise, le contrat est révoqué rétroactivement, l'acheteur est réputé n'avoir jamais été propriétaire ; tous les droits conférés par lui sur la chose sont nuls.

Si la chose vient à périr ou à se détériorer par cas fortuit, *pendente conditione*, et qu'ensuite la condition se réalise, la perte est pour l'acheteur, par cette raison que l'acquéreur, sous condition résolutoire, est débiteur sous condition suspensive.

Les fruits ne peuvent pas être répétés contre l'acheteur.

Remarquons que la condition résolutoire est toujours sous-entendue de plein droit, en cas d'inexécution de leurs obligations par l'une ou l'autre des parties (1184).

2°. « Elle peut aussi avoir pour objet deux ou plusieurs choses alternatives. » Ainsi, je puis vous vendre pour 10,000 fr., par exemple, ma maison A ou mon champ B. Je serai valablement libéré en vous offrant l'un ou l'autre de ces deux immeubles, car le choix, de même que pour les obligations, appartient au vendeur, s'il n'a pas été expressément accordé à l'acheteur. Du reste, toutes les règles qui concernent les obligations alternatives sont applicables ici.

En outre des diverses modalités communes à tous les contrats, la vente peut présenter une particularité assez bizarre, c'est *l'élection de command*. On appelle ainsi la désignation que l'acheteur fait après coup d'une tierce personne qui vient prendre sa place, de sorte qu'il n'est censé avoir agi qu'au nom de celle-ci et comme s'il n'était que son mandataire. Mais il faut que cette faculté ait été formellement réservée dans le contrat. C'est là une disposition contraire au droit commun ; mais comme elle était partout en usage dans l'ancien droit, elle a été admise par les lois des 5 décembre 1790, 14 thermidor an IV, et 22 frimaire an VII. La déclaration de command doit être faite par acte authentique, qui doit être notifié à la régie dans les vingt-quatre heures de la vente. Entre les parties, le délai n'est pas déterminé.

<h2 style="text-align:center">SECTION II.</h2>

De la Vente des choses qui se comptent, se pèsent, se mesurent.
(Art. 1585 et 1586.)

Lorsqu'il s'agit de choses qui peuvent se peser, se compter ou se mesurer, il faut distinguer si la vente a été faite en bloc ou ne l'a été qu'au poids, au compte ou à la mesure. La vente est faite en bloc ou *per aversionem*, quand elle réunit ces deux circonstances qu'il y a : 1°. *Individualité* dans la chose vendue, et, 2°, *unité* dans le prix. Exemple : je vous vends pour 1,000 fr. le vin qui est dans ma cave. Il y a individualité dans la chose vendue et unité dans le prix. C'est comme si on avait vendu un cheval, une maison ou tout autre corps certain. Il y a encore vente en bloc, lorsqu'on vend pour un prix unique une portion indivise d'une masse individuelle : par exemple, je vous vends pour 500 fr. la moitié du vin qui est dans ma cave; c'est absolument comme si on avait vendu la moitié de tout autre corps certain.

La vente est faite au poids, au compte, à la mesure, toutes les fois qu'elle manque de ces deux conditions : *individualité* dans l'objet, et *unité* dans le prix, ou de l'une d'elles. Ainsi, je vous vends le vin qui est dans ma cave à raison de 40 fr. l'hectolitre. Il y a bien ici individualité dans l'objet, mais non unité dans le prix. Je vous vends dix hectolitres du vin qui est dans ma cave pour 400 fr. Il y a ici unité dans le prix, mais il n'y a pas individualité dans l'objet. — Je vous vends dix hectolitres du vin qui est dans ma cave pour 40 fr. l'hectolitre. Ici, il n'y a ni individualité dans l'objet, ni unité dans le prix.

Cette distinction entre les ventes en bloc et les ventes au poids, au compte ou à la mesure, est très importante, quant aux effets qu'elles produisent, lesquels sont très différents selon les cas. En effet, si la vente est faite en bloc, elle est parfaite, c'est-à-dire qu'elle opère immédiatement la translation de la propriété, et, par suite, celle des risques; si elle est faite au poids, au compte ou à la mesure, elle n'opère pas translation de propriété, et laisse les risques à la charge du vendeur. Ce n'est que par le pesage, le comptage ou le mesurage, que la propriété se transmet, et que les risques passent à la charge de l'acheteur. La perfection de la vente, dans ce cas, est subordonnée à cette opération du pesage, etc., comme à une condition suspensive. Nous devons dire qu'un certain nombre d'auteurs, notamment Merlin et M. Duranton, n'admettent pas cette doctrine et enseignent que la vente à la mesure est translative de propriété, et qu'elle n'est imparfaite que quant aux risques, qui restent à la charge du vendeur, jusqu'au mesurage. Mais ce système, contraire aux textes, à l'esprit de la loi, aux travaux préparatoires du Code, est justement condamné par la majorité des auteurs.

Remarquons que, si la vente n'existe pas encore comme contrat translatif de propriété, il est clair qu'elle existe comme contrat productif d'obligations : chaque partie pourra contraindre l'autre à l'exécution, et obtenir, à défaut d'exécution, des dommages-intérêts.

5

Section III.

*De la vente des choses qu'on est dans l'usage de goûter avant d'en faire
l'achat. (Art. 1587.)*

« A l'égard des choses qu'on est dans l'usage de goûter avant d'en faire
l'achat, il n'y a point de vente tant que l'acheteur ne les a point goûtées et
agréées, » dit l'art. 1587.

Cette disposition a donné lieu à une difficulté. Veut-elle diré que jusqu'à
la dégustation et à l'agrément, il n'y a pas contrat de vente, mais seulement
un contrat unilatéral qui, sans obliger, quant à présent, le futur acheteur,
lie déjà le futur vendeur ? Veut-elle dire qu'il ne se forme aucun contrat,
mais seulement un projet de contrat, une convention non obligatoire, et à
laquelle chaque partie est libre de ne pas donner suite ? Les deux opinions
sont soutenues. Au reste, tout le monde convient que l'art. 1587 n'est qu'une
règle d'interprétation de la volonté des parties, fondée sur l'usage. Le magis-
trat devra donc, dans chaque espèce, décider en fait, soit d'après les termes
de la convention, soit d'après l'ensemble des circonstances, quelle a été la
volonté et l'intention des parties. Ainsi, par exemple, a-t-on acheté non
pour sa propre consommation, mais pour revendre, notre article ne sera pas
applicable. La vente n'est plus faite sous cette condition potestative de la part
de l'acheteur : si la chose est de son goût, mais sous celle-ci : si elle est
bonne, loyale et marchande.

Il peut se faire encore qu'on ait acheté et vendu sous la condition que la
chose soit de bonne qualité, suivant le goût général ; alors on est censé faire
remise de la condition de la dégustation personnelle, et, dans ce cas, ce
seront des experts qui apprécieront la qualité de la chose. Mais, lorsque
l'acheteur aura entendu subordonner la vente à son propre goût, et qu'il
déclare ne pas agréer la chose, il n'a aucun compte à rendre de son refus.

Où doit se faire la dégustation ? Est-ce au lieu où se trouve la marchandise
au moment de la vente, ou bien au lieu de la livraison ? La question est controversée, et la jurisprudence est hésitante et même contradictoire à cet
égard. Ainsi on trouve, dans le premier sens, un arrêt de Besançon du
4 juillet 1862, et, dans le second, un arrêt de la même Cour du
13 janvier 1863.

Section IV.

Des Ventes à l'essai. (Art. 1588.)

« La vente faite à l'essai, dit l'art. 1588, est toujours présumée faite sous condition suspensive. » Ainsi, pour les choses qu'on ne se décide le plus souvent à acheter qu'après les avoir essayées, comme un cheval, une montre, la vente est subordonnée à l'essai, comme à une condition suspensive.

Mais quelle est la nature de cette condition ? Est-ce une condition proprement dite, dont l'accomplissement fait remonter rétroactivement au moment même de la convention la perfection et l'effet de la vente ? Est-ce seulement un élément constitutif de la vente, de telle sorte que cette vente n'aura son effet et son existence qu'à partir du moment où l'essai aura été reconnu satisfaisant ? Nous tenons pour cette dernière interprétation ; avant l'essai, il n'y a pas de vente, il y a seulement un projet de vente.

Mais qui décidera si l'essai est satisfaisant ? Sera-ce l'acheteur, ou bien, en cas de contestation, des experts ? On enseigne généralement que si la chose est bonne, loyale et marchande, la vente sera conclue quand bien même l'acheteur prétendrait qu'elle ne satisfait pas son goût personnel, car l'agrément personnel n'a pas la même importance que quand il s'agit de choses de consommation.

Remarquons que notre article déclare la vente à l'essai simplement présumée faite sous condition suspensive ; par conséquent, les parties peuvent parfaitement convenir qu'elle sera faite sous condition résolutoire, les conventions étant la loi des parties. Ce n'est que dans le doute que notre article sera applicable.

L'intérêt de cette question des modalités des ventes à l'essai est *facile* à saisir ; suivant, en effet, que la vente est faite sous condition résolutoire ou sous condition suspensive, les risques sont ou ne sont pas à la charge de l'acheteur.

L'historique des ventes à l'essai mérite d'être rappelé. A Rome, aucune présomption légale n'était attachée à ces ventes. Une erreur de Pothier, qui prit pour règle générale une espèce particulière rapportée par Ulpien, fit qu'on regarda dans notre ancien Droit la vente à l'essai comme faite toujours sous condition résolutoire. Le Code, pour abroger cette règle exclusive, s'est jeté dans un excès contraire. Il eût été, suivant nous, préférable de n'édicter aucune présomption et de s'en tenir au système romain.

CHAPITRE III.

Des Effets de la Vente.

La vente, en Droit romain, n'était point translative de propriété, mais simplement productive d'obligations ; ses effets pouvaient se résumer dans les deux suivants :

1°. Elle obligeait le vendeur à livrer et à garantir la chose, l'acheteur à payer le prix. La vente ne produisait que ces deux obligations réciproques ; elle ne transférait jamais la propriété par elle-même. Pour que le transport de la propriété eût lieu, il fallait que la tradition de la chose vendue se fît, et que le prix fût payé. C'étaient ces faits extérieurs, la livraison et le paiement, qui opéraient *ex post facto* la mutation de propriété. Jusque-là, bien que les parties fussent d'accord de la chose et du prix, la propriété continuait de résider dans la personne du vendeur, qui avait la libre disposition de la chose et pouvait valablement l'hypothéquer ou la vendre à un autre. Ainsi, en Droit romain, on est acheteur avant d'être acquéreur, vendeur avant d'être aliénateur.

2°. Elle mettait les risques de la chose vendue à la charge de l'acheteur, de sorte que celui-ci était tenu de payer le prix même, dans le cas où la chose périssait avant la tradition, pourvu cependant qu'il n'y eût pas faute du vendeur.

Notre ancien Droit avait adopté ces principes du Droit romain.

Le Code a apporté au contrat de vente une innovation fondamentale, qui en a changé la nature, en déclarant la vente translative de propriété. Aujourd'hui donc la vente produit trois effets : 1°. Elle crée des obligations ; 2°. elle met les risques à la charge de l'acheteur ; 3°. elle transmet la propriété par elle-même, *ipso facto*, indépendamment de la tradition et du paiement (art. 1583).

Mais les trois effets de la vente ne se trouvent pas toujours réunis ; la vente n'est quelquefois que productive d'obligations et translative de propriété ; d'autres fois, elle est simplement productive d'obligations.

1°. La vente produit les trois effets que nous venons d'énoncer, lorsque, pure ou à terme, elle a pour objet un corps certain, dont le vendeur était propriétaire. Elle *oblige*, en effet, le vendeur à livrer et à garantir ; elle *transfère* directement et immédiatement la propriété ; elle met les risques à la charge de l'acheteur. Au lieu de dire, comme en Droit romain, *res perit creditori*, on dit *res perit domino* (art. 1138).

2°. La vente n'est que productive d'obligations et translative de propriété : lorsqu'elle a pour objet un corps certain et que le vendeur a expressément pris les risques à sa charge ; lorsque, dans le même cas, la vente est faite sous condition suspensive ; alors, en effet, les risques ne sont point à la charge de l'acheteur (art. 1182), et si la chose vient à périr, *pendente conditione*, l'acheteur ne paiera pas son prix, alors même que la condition se réaliserait postérieurement à la vente.

3°. La vente est simplement productive d'obligations : 1°. Lorsque la chose vendue est indéterminée dans son individualité, comme tant d'hectares de terre *in genere*, à prendre dans tel pays ; 2°. Lorsque la chose vendue étant un corps certain, les parties ont expressément renvoyé à une époque ultérieure le transport de la propriété ; par exemple : Je vous vends mon cheval pour 500 fr., mais j'entends en rester propriétaire pendant six mois.

Nous avons dit que la vente, dès qu'elle est conclue, est par elle-même, *ipso facto*, translative de propriété. Mais cette proposition est-elle absolue, opposable, *erga omnes*, ou bien n'est-elle que relative, valable seulement *inter partes* ? L'article 1583 répond à cette question : « La vente, dit-il, est parfaite entre les parties, et la propriété est acquise de droit à l'acheteur *à l'égard du vendeur*, dès qu'on est convenu de la chose et du prix, quoique la chose n'ait pas encore été livrée, ni le prix payé. »

Ainsi, d'après notre article, ce n'est qu'à *l'égard du vendeur* que la vente est parfaite et que la propriété est acquise à l'acheteur ; *à l'égard des tiers*, la vente n'a point d'effet. Mais est-ce bien comme cela qu'il faut entendre ces mots : *à l'égard du vendeur* ? Non ; ces mots ont un sens historique qu'il importe de connaître pour en avoir la véritable signification.

Sous l'empire de la célèbre loi du 11 brumaire an VII, toute convention faite pour transférer la propriété d'un immeuble, soit vente, soit donation, devait être transcrite au bureau des hypothèques pour opérer la mutation de propriété à l'égard des tiers. Jusqu'à cette transcription, la vente ne produisait d'effet qu'entre le vendeur et l'acheteur ; celui-ci donc conservait la propriété de la chose vendue à l'égard des tiers, et pouvait valablement l'aliéner ou l'hypothéquer. Ainsi, quand deux acheteurs achetaient successivement le même immeuble, celui-là était propriétaire qui le premier avait fait transcrire son titre.

La théorie de la loi de brumaire fut adoptée par le Code pour les donations d'immeubles. Au titre des obligations, on discuta si on l'admettrait également quant aux aliénations *à titre onéreux*. Mais là on ne put s'entendre. La transcription avait des adversaires très ardents, qui la repoussaient comme ruineuse pour les particuliers. Ses partisans tenant bon, au nom du grand intérêt que tout le monde a de savoir quel est le véritable propriétaire, on convint de renvoyer la solution de cette question au titre de la vente ou des hypothèques (art. 1140).

Au titre de la vente, la lutte recommença, pour n'amener encore aucun résultat. La question de savoir si l'acheteur serait ou non obligé de transcrire pour devenir propriétaire à l'égard des tiers fut donc ajournée. Mais, comme personne ne contestait que la convention suffit pour transférer la propriété *inter partes*, on consacra le principe que la vente rend l'acheteur propriétaire à l'égard du vendeur ; de là l'art. 1583. Ainsi notre article, en disant que, dès que les parties sont d'accord de la chose et du prix, la propriété de la chose est acquise à l'acheteur à l'égard du vendeur, n'entendait trancher ni même préjuger en rien la question de savoir si, de même qu'*inter partes*, la vente était, par sa seule énergie et indépendamment de la transcription, translative de propriété à l'égard des tiers.

Au titre des hypothèques, le système de la loi de brumaire succomba. L'article 2182, en effet, déclare que le vendeur ne peut transmettre à l'acheteur que les droits qu'il a sur la chose vendue. Or, un vendeur qui a déjà aliéné la propriété d'une chose ne peut pas valablement consentir sur cette chose des droits qu'il n'a plus ; de sorte que la réserve du droit des tiers, qui résultait implicitement de l'art. 1583, fut abandonnée.

La rédaction de l'art. 1583 n'ayant pas été, comme elle aurait dû l'être, retouchée et complétée, quelques jurisconsultes en profitèrent pour soutenir que le Code avait maintenu la formalité de la transcription ; mais les tribunaux furent unanimes pour proclamer le principe de la transmission absolue de la propriété par le seul effet de la convention.

L'art. 834 du Code de Procédure, promulgué trois ans après le Code Civil, vint, du reste, faire cesser tous les doutes ; car, en permettant aux créanciers qui, lors de l'aliénation, avaient des priviléges sur les immeubles ou des hypothèques, soit judiciaires, soit conventionnelles non inscrites, de prendre inscription après l'acte translatif de propriété, et même dans la quinzaine de la transcription, cet art. 834 décidait implicitement, mais fort clairement, que l'acheteur acquérait, dès le moment même de la vente et indépendamment de la transcription, une propriété *absolue*, opposable non seulement au vendeur, mais encore *aux tiers qui, depuis la vente, avaient traité avec lui.*

Ce système du Code Civil présenta dans la pratique les plus graves

inconvénients. Cette clandestinité des mutations immobilières et de l'établissement des droits réels sur les immeubles eut des effets si désastreux que
M. Dupin put justement dire devant la Cour de Cassation : « Celui qui achète
n'est pas sûr de rester propriétaire ; celui qui paie de ne pas être obligé de
payer une seconde fois, et celui qui prête d'être remboursé ! » Les plus auto-
risés de nos jurisconsultes, et à leur tête M. Troplong, finirent par faire condamner ce système, et ressusciter la loi de brumaire en faisant le législateur
édicter la fameuse loi du 23 mars 1855, qui porte que les mutations de propriété et l'établissement des droits réels sur les immeubles doivent être rendus
publics par la voie de la transcription.

Dans le nouveau système, notre article 1583 est devenu parfaitement exact.
Inter partes, la vente est parfaite par le seul consentement ; mais à l'égard
des tiers, elle ne l'est que par le fait de la transcription ; jusque-là, le vendeur
est investi de la propriété et du pouvoir d'en disposer valablement ; jusque-
là, l'acheteur n'a qu'une propriété *relative* ; ce n'est qu'à partir de la transcription que son droit de propriété devient *absolu*, opposable à tous. Ainsi,
lorsqu'un même immeuble a été vendu successivement par le même vendeur
à plusieurs personnes, ou lorsqu'après la vente, des servitudes ou des hypothèques ont été constituées sur cet immeuble, la question de savoir d'abord
lequel des acheteurs sera et restera propriétaire ; ensuite, si ces servitudes,
ces hypothèques seront valables, se résout, sous l'empire de la loi actuelle,
comme sous celle de brumaire, par la date des inscriptions : celui des acheteurs qui aura transcrit le premier son titre sera propriétaire, eût-il acheté
le dernier. Les servitudes ou les hypothèques consenties sur un immeuble
vendu seront valables, et l'acquéreur sera obligé de les subir, si, bien que
constituées après la vente de cet immeuble, elles ont été transcrites avant le
contrat de vente.

Le défaut de transcription peut-il être invoqué par toute personne autre
que le vendeur ou ses héritiers ? Non, nous dit l'art. 3 de la loi du 23 mars
1855, ce droit n'est conféré qu'aux tiers qui ont acquis du chef du vendeur
des droits sur l'immeuble et qui les ont conservés en se conformant aux lois.
Par conséquent, le défaut de transcription ne peut être invoqué : 1°. Par le
vendeur ou ses héritiers ; 2°. Par les créanciers chirographaires du vendeur ;
3°. Par les tiers qui, sans avoir traité avec le vendeur, se sont emparés de
l'immeuble.

Jusqu'ici, nous ne nous sommes occupés que des ventes qui ont pour objet
des immeubles ; parlons maintenant des ventes de meubles. La loi du 23 mars

1855 ne les soumet pas à la formalité de la transcription ; mais, transfèrent-
elles, dès quelles sont formées, la propriété *erga omnes,* ou seulement *inter
partes* ? En d'autres termes, sont-elles régies par les règles du Code de 1804?

Sur ce point, les auteurs ne sont pas d'accord. Les uns, se fondant sur
l'art. 1141 du Code, qui dit que le premier acheteur d'une chose mobilière
ne peut pas revendiquer contre un second acheteur qui a été mis en possession, enseignent que, conséquemment, la vente mobilière n'est pas parfaite
par le seul consentement, et qu'en ce qui la concerne, le principe du Droit
romain a été maintenu dans son intégrité, c'est-à-dire que la question de
propriété entre plusieurs acheteurs successifs se règle par la date des tra-
ditions.

D'autres, invoquant les art. 711 et 1138, aux termes desquels la convention de donner transfère *erga omnes,* sans qu'il y ait besoin de tradition, la
propriété de la chose qu'elle a pour objet, sans distinction entre les ventes
mobilières et immobilières, décident que la vente d'un meuble en transfère
la propriété à l'acheteur, non seulement *inter partes,* mais aussi *erga omnes,*
mais que cette propriété est prescriptible par la seule possession de la chose,
indépendamment du laps de temps. Ainsi, l'acheteur d'un meuble, propriétaire absolu de la chose, peut la revendiquer entre les mains de toute
personne qui ne peut pas invoquer la maxime : *en fait de meubles, la possession vaut titre,* c'est-à-dire contre son vendeur, contre les seconds acheteurs
de mauvaise foi, contre tous ceux qui ont *volé* la chose ou qui l'ont *trouvée.*
(M. Valette).

DEUXIÈME PARTIE.

De la Cession des Créances par voie de transport.

(Art. 1689-1691).

Dans la première partie de notre travail, nous avons traité de la vente au
point de vue des objets corporels, meubles ou immeubles ; dans cette
seconde partie, nous allons nous occuper de la vente au point de vue des
objets incorporels, c'est-à-dire des droits. La vente des droits s'appelle proprement transport ou cession. Le chapitre VIII du titre de la vente traite de
trois objets : cession des créances, cession des hérédités ouvertes, cession
des droits litigieux. Nous n'avons à étudier que le premier de ces objets, la
cession des créances.

« Les créances, dit Portalis, sont des biens de la création de l'homme, l'ouvrage de nos mains ; elles sont dans le commerce comme tous les autres biens et peuvent, conséquemment, être vendues, cédées et transportées. »

Il n'en était point ainsi en Droit romain, où l'on n'imaginait pas qu'une créance pût se détacher et passer directement de la personne du créancier en la personne d'un tiers. La créance, disait-on, est un rapport personnel, un lien de droit établi *intuitu personæ* ; l'une des deux personnes ne peut disparaître sans que ce lien soit brisé. Si l'on met un tiers à la place du créancier, une relation nouvelle s'établit alors ; le droit originaire est éteint, un droit nouveau le remplace. Mais cette théorie subtile et rigoureuse était pleine d'inconvénients, et les Romains eux-mêmes ne tardèrent pas à l'éluder en fait par des moyens indirects : *la délégation,* c'est-à-dire la novation volontaire par changement du créancier, et le mandat *in rem suam.*

Le système de notre Code est bien préférable : en pratique, il coupe court à ces détours ingénieux, mais incommodes ; en théorie même il est mieux fondé, car, puisque la convention juridique détermine le poids de la chaîne, il n'importe pas au débiteur qu'un créancier prenne la place d'un autre. Le lien reste toujours le même, aucun droit n'est compromis.

La cession de créance est-elle, comme la vente ordinaire, parfaite, *solo consensu* ? Il faut distinguer : *inter partes,* dès que les parties sont d'accord de la chose et du prix, la cession est parfaite (art. 1689). Aucune tradition n'est nécessaire ; la délivrance, il est vrai, accompagne le plus souvent la cession, soit qu'elle s'opère par la remise du titre, soit par l'usage que le cessionnaire fait de la créance, du consentement du cédant (art. 1607), mais elle n'a pas d'autre but que de mettre le cessionnaire à même d'user de la chose, car le transport de la créance s'effectue indépendamment de la délivrance *solo consensu.*

A l'égard des tiers, la perfection de la cession est subordonnée, comme dans les ventes d'immeubles, à une condition de publicité analogue à la transcription et qui s'accomplit soit par l'acceptation authentique de la cession par le cédé, soit par la signification de la cession faite au débiteur cédé (art. 1690). Cette signification peut être faite à la requête du cédant ou à la requête du cessionnaire.

Nous avons dit que l'acceptation, au cas où elle a lieu, devait être authentique. Si elle a lieu par acte sous seing-privé, elle n'est pas opposable aux tiers. Quand la loi, en effet, détermine elle-même le mode de publicité, rien ne peut y suppléer. Mais on décide généralement qu'elle est valable à l'égard du cédé.

On s'est demandé comment il pouvait se faire que la publicité de la cession pût résulter de son acceptation authentique par le cédé, ou de la signification qni en a été faite. La réponse à cette question est facile. Il faut
admettre que les tiers, qui seront sur le point de traiter avec le cédant,
iront préalablement se renseigner auprès du cédé, qui sera nécessairement
en mesure de le faire. La loi présume qu'il ne les trompera pas.

Jusqu'à la publicité de la cession, dans les formes prescrites, le cédant
conserve la propriété de la créance à l'égard des tiers, c'est-à-dire à l'égard
de tous ceux qui n'ont pas été parties à la cession, et qui ont intérêt à ce que
la propriété réside sur la tête du cédant ; ce sont :

1°. Le cédé (art. 1691) ;

2°. Les acheteurs de la créance, postérieurs à la cession et antérieurs à sa
publicité ;

3°. Les créanciers à qui la créance a été donnée en gage entre les deux
époques de la cession et de la publicité légale ;

4°. Les créanciers du cédant, qui ont pratiqué une saisie-arrêt entre les
mains du cédé.

Effets de la cession. — Lorsque la cession est parfaite, la créance passe
avec ses priviléges, hypothèques, cautionnements, etc., en un mot, avec tous
ses accessoires, du cédant au cessionnaire (art. 1692). Cependant, il faut
remarquer que le droit cédé n'est pas toujours le même dans la personne du
cessionnaire que dans la personne du cédant. Si le nouveau créancier a des
qualités qui lui soient propres, cette circonstance modifiera dans une certaine
mesure les rapports des deux parties. Ainsi je suppose qu'un créancier majeur
succède à un créancier mineur, la créance, qui n'était point prescriptible, le
devient.

Demandons-nous maintenant quel est le parti le plus avantageux pour le
cessionnaire d'obtenir une acceptation authentique du cédé, ou de lui faire
une notification de la cession ? C'est incontestablement d'obtenir une acceptation authentique, car le cédé, en acceptant la cession, se reconnaît tacite-
ment débiteur du cessionnaire, et perd ainsi le droit d'invoquer la compensation et les causes de nullité qu'il pouvait avoir contre le cédant, tandis que la
signification laisse au cédé son droit entier contre le cédant, et n'empêche
que la compensation des créances nées au profit du cédé contre le cédant,
depuis que la cession lui a été signifiée (art. 1295).

Mais toutes les créances ne se transmettent pas au moyen de la signification
ou de l'acceptation.

Les créances à ordre, constatées par une lettre de change ou un billet à ordre, sont directement et parfaitement transmises par l'endossement.

Les rentes nominatives sur l'Etat se transmettent par inscription sur le grand livre. Pour opérer régulièrement ces changements d'inscription, il faut que les parties soient assistées d'un agent de change qui constate leur capacité.

Les créances constatées par un titre au porteur se cèdent, même vis-à-vis des tiers, par la remise du titre au cessionnaire.

Dans un cas spécial prévu par la loi du 23 mars 1855, la cession de créance est soumise à la formalité de la transcription. C'est lorsqu'un propriétaire foncier cède ses droits sur les loyers ou fermages à échoir pour plus de trois ans ; cette cession doit être transcrite au profit du cessionnaire pour pouvoir être opposable à l'acheteur de l'immeuble. L'intérêt public dictait cette disposition.

TROISIÈME PARTIE.

De la Vente en Droit commercial.

(Art. 109).

Le Code de Commerce ne contient qu'un article relatif à la vente, et cet article n'a trait qu'à la preuve du contrat : « Les achats et les ventes, dit en effet l'art. 109, se constatent : 1°. par actes publics ; 2°. par actes sous seing-privé ; 3°. par le bordereau ou arrêté d'un agent de change ou d'un courtier, dûment signé par les parties ; 4°. par une facture acceptée ; 5°. par la correspondance ; 6°. par les livres de commerce ; 7°. par la preuve testimoniale, dans le cas où le tribunal croira devoir l'admettre. » La jurisprudence comme la doctrine a décidé que cet article n'est point limitatif, et que les engagements commerciaux peuvent encore être prouvés par les présomptions, par l'aveu, par le serment.

Comme on le voit, la preuve en Droit commercial est exorbitante du Droit commun, lequel n'admet ni les bordereaux, ni la correspondance, ni les livres, moyens de preuve exclusivement propres à la vente commerciale. Le motif de cette dérogation est que la nature des transactions commerciales et que les circonstances qui souvent les accompagnent exigent qu'on puisse découvrir la vérité par tous les moyens licites.

Nous allons rapidement examiner chacun de ces modes de preuve et signaler leurs dispositions particulières à la vente commerciale.

1°. *Actes publics.* — Les actes publics dont parle l'art. 109 ne sont autres que les actes notariés. Ils n'offrent rien de particulier en Droit commercial.

2°. *Actes sous signature privée.* — En matière commerciale, les actes sous signature privée s'écartent en plusieurs points des règles du Droit civil ; ainsi : 1°. la date des actes sous seing-privé, en Droit commercial, peut être reconnue certaine à l'égard des tiers, même en l'absence de l'enregistrement ou de l'accomplissement de l'une des autres conditions de l'art. 1328 (C. C.); 2°. la formalité des doubles, prescrite par l'art. 1325, n'est pas exigée en matière commerciale, lorsqu'un texte spécial n'a pas assujetti l'acte à cette formalité, comme, par exemple, pour les sociétés ; 3°. lorsqu'un engagement unilatéral est souscrit par un commerçant, dans un acte sous seing-privé, cet engagement a été dispensé par le Code Civil (art. 1326) de la formalité du *bon* ou *approuvé.*

3°. *Bordereau ou arrêté d'un agent de change ou courtier, dûment signé par les parties.* — Ce bordereau ou arrêté est une espèce de procès-verbal constatant la négociation, rédigé par l'agent de change ou courtier, et remis à chacune des parties qui le signent. C'est un mode de preuve particulier à la vente commerciale. Sa nature est assez ambigue ; il tient à la fois de l'acte authentique et de l'acte sous seing-privé : — de l'acte authentique, en ce qu'il est rédigé par un officier public compétent, qu'il ne peut pas être dénié ou méconnu, comme l'acte sous signature privée, et qu'il fait foi de la convention jusqu'à la preuve contraire ; — de l'acte sous seing-privé, en ce qu'il ne peut pas renfermer constitution d'hypothèque, et qu'il ne peut pas emporter exécution parée.

4°. *Facture acceptée.* — La facture est un état détaillé indiquant la nature, la qualité, la quantité et le prix des choses qui font l'objet de la négociation. Elle n'établit la convention qu'autant qu'elle est acceptée, mais cette acceptation peut se faire par toutes espèces de preuves. La facture peut être à personne dénommée, à ordre, ou enfin au porteur. On admet généralement qu'elle peut avoir date certaine à l'égard des tiers, sans l'accomplissement de l'une des conditions de l'art. 1328.

5°. *Correspondance.* — Ce mode de preuve, comme les deux précédents, est propre à la vente commerciale. On entend par correspondance les lettres que les commerçants reçoivent et envoient. Ils doivent transcrire sur un livre nommé livre des *copies de lettres* celles qu'ils envoient, et mettre en liasses

celles qu'ils reçoivent. La loi attache à la correspondance, tenue conformé-
ment à ses prescriptions, la faculté de servir de moyen de preuve, mais seulement entre commerçants et pour faits de commerce. Remarquons que si la
correspondance ne fait pas preuve en faveur du commerçant, dans une contestation entre lui et un non-commerçant, elle fait preuve contre lui.

6°. *Livres des parties.* — Les livres dont il s'agit ici sont le *livre-journal*
et le *livre des inventaires* ; leur force probante est régie par les mêmes règles
que la correspondance.

7°. *Preuve testimoniale.* — En matière de commerce, la preuve testimoniale est admissible dans tous les cas, même au-dessus de 150 fr., à moins
qu'elle ne soit interdite par une disposition formelle de la loi. Mais remarquons qu'en notre matière la preuve testimoniale n'est que *facultative*, lorsqu'il s'agit d'une somme excédant 150 fr. La question de savoir si au-dessous
de cette somme la preuve testimoniale est facultative ou obligatoire est controversée. Nous devons dire toutefois que la majorité des auteurs décide que
la preuve testimoniale est toujours facultative. Les juges des tribunaux de
commerce ont aussi un pouvoir discrétionnaire pour admettre la preuve
par témoins *contre et outre* le contenu aux actes, à moins toutefois que les
modifications qu'on veut prouver par témoins ne se rattachent à une convention qui devait être constatée par écrit. Non seulement les juges ont le droit
d'admettre la preuve testimoniale sans aucune limitation lorsqu'il s'agit de
commerçants, ils peuvent encore l'admettre dans le cas d'une contestation
portant sur un acte de commerce entre non-commerçants. Que si l'acte
n'étant commercial que d'un seul côté, le procès était porté devant un tribunal civil, on rentrerait dans le droit commun, et la preuve testimoniale ne
serait pas admissible au-dessus de 150 fr.

8°. *Présomptions légales.* — Les présomptions légales doivent être admises
par les juges en matière de commerce ; quant aux présomptions *humaines*,
les juges peuvent aussi les admettre.

9°. et 10°. — *Aveu et serment.* — Ces deux modes de preuve sont admis-
sibles en matière commerciale. La preuve par témoins de l'aveu extra-judi-
ciaire sera le plus souvent reçue en notre matière, puisque la preuve testimoniale peut en général être admise par les juges. Quant au serment soit
décisoire, soit supplétoire, les règles du Code Civil lui sont applicables.

APPENDICE.

Le Code de Commerce ne trace pas de règles sur la vente commerciale considérée en elle-même. Faut-il appliquer en cette matière les dispositions du Code Civil ? ou en d'autres termes, le Droit civil est-il applicable comme *droit-loi* dans tous les cas non résolus explicitement ou implicitement par le Droit commercial ? La question est controversée. MM. Delamarre et Lepoitevin prétendent que les véritables règles du commerce ont toujours été celles de la bonne foi et de l'équité, et que le Code civil n'est applicable qu'autant que ses dispositions sont conformes à l'intérêt du commerce. Mais la jurisprudence et la doctrine, en général, décident que le Code civil doit s'appliquer à tous les cas non prévus par le Code de commerce. Comment admettre en effet, que le législateur ait voulu qu'on s'en rapportât à cette idée vague, que l'on appelle l'équité, dans des matières qui ont besoin d'une loi positive ? Au titre des achats et des ventes on ne trouve qu'un article, encore n'a-t-il trait qu'à la preuve du contrat. Cependant une matière aussi importante, aussi variée dans ses applications n'a pu être abandonnée à une interprétation arbitraire. Nous nous rangeons à cette dernière doctrine.

Mais si le Droit commun doit suppléer au Code de commerce, il n'est pas douteux qu'il faudra recourir aux usages avant de chercher une solution dans le Droit commun, suivant ce vieux principe : *Mercatorum stylus et consuetudo prœvalere debet juri communi.* Ainsi : Droit commercial, usages, Droit civil, voilà l'ordre dans lequel les juges doivent appliquer les principes en matière commerciale.

Notons, en terminant, les principales différences entre la vente commerciale et la vente civile :

1°. L'art. 1587, C. C., n'est point applicable en matière de commerce.

2°. Lorsque la vente commerciale a lieu au compte, au poids, à la mesure, la propriété est bien transmise à l'acheteur par l'opération du pesage, etc., *entre présents*, comme en droit civil ; mais *entre absents*, il y a une différence entre les deux droits ; dans ce cas, ce n'est plus le pesage ou le mesurage qui opère la mutation de propriété, mais la sortie des magasins du vendeur.

3°. La vente commerciale n'a trait qu'aux choses mobilières, — la vente civile peut comprendre les meubles et les immeubles.

4°. La solidarité a lieu de plein droit entre acheteurs dans la vente commerciale ; il faut qu'elle soit stipulée dans la vente civile.

5°. La créance résultant de la vente de marchandises, consentie par un marchand à un non marchand, se prescrit par un an ; l'action résultant d'une vente civile, par trente ans.

6°. Celui qui vend des objets mobiliers non payés à un commerçant qui tombe en faillite n'a ni le privilége ni l'action en revendication accordée par l'art. 2102¹°, C. Civ. en matière civile.

QUESTIONS CONTROVERSÉES.

Droit Romain.

1°. L'erreur sur la substance de la chose était-elle une cause de nullité de la vente ? — Oui.

2°. L'action *empti* et l'action *quanti minoris* quand il s'agit de la garantie des vices de la chose vendue ont-elles les mêmes conséquences ? — Non, il y a trois différences.

Droit Français.

CODE CIVIL.

1°. Les enfants naturels peuvent-ils être reconnus après leur mort ? — Oui.

2°. Les art. 692 et 693 d'une part, et l'art. 694 de l'autre sont-ils contradictoires ? — Non.

3°. La condition de ne pas se marier, insérée dans une donation entre vifs ou dans un testament est-elle contraire aux bonnes mœurs ? — Oui.

4°. L'enfant qui renonce peut-il faire nombre pour le calcul de la réserve ? — Non.

5°. Le mari doit-il récompense à la communauté pour les réparations civiles, c'est-à-dire pour les dommages-intérêts auxquels il a été condamné ? — Non.

6°. A qui, dans un contrat de louage, en l'absence d'une clause expresse, appartient le droit de chasse ? — Au propriétaire.

Droit Commercial.

Le voiturier conserve-t-il son privilége après s'être dessaisi de la chose voiturée ? — Non.

Droit Administratif.

La loi du 23 mars 1855 a-t-elle modifié la loi du 3 mai 1841 , art. 16 et 17 ? — Non.

Procédure Civile.

Comment se combinent et se concilient l'art. 174, Procédure Civile, et 1444, Code Civil ?

F. GABILLARD.

Vu pour l'impression :

Le Doyen, Eg. BODIN.

DINAN : IMPRIMERIE BAZOUGE.

www.ingramcontent.com/pod-product-compliance
Ingram Content Group UK Ltd.
Pitfield, Milton Keynes, MK11 3LW, UK
UKHW022135170726
13837UKWH00004B/1573